ピョートル・ボガトゥイリョフ

衣裳のフォークロア

桑野隆・朝妻恵里子 編訳

せりか書房

衣裳のフォークロア——目次

□内は本書関連地域
ドイツ
ポーランド
ボヘミア
プラハ
モラヴィア
ヴルタヴァ川
チェコ
ブルノ
スロヴァキア
ドナウ川
ウィーン
ブラチスラヴァ
オーストリア
ドナウ川

機能・構造・記号そして笑い——ボガトゥイリョフと民衆文化

桑野　隆

1　はじめに

ボガトゥイリョフがかかわった領域はきわめて多岐にわたるが、通常知られているのは、構造主義的人類学の先駆者、あるいは衣裳の記号論の草分けとしてのボガトゥイリョフであろう。実際、すでに一九二〇、三〇年代に公にしていた著作は、構造主義・記号論ブームの火付け役であったレヴィ＝ストロースやロラン・バルトが、ボガトゥイリョフをふくむプラハ言語学サークルを先駆としてあげることによってはじめて、世界的に注目をあびるようになった。ボガトゥイリョフ、ヤコブソン、トゥルベツコイらの斬新なアプローチ法が再評価されたわけである。

ただ、以前に拙著『民衆文化の記号学——先覚者ボガトゥイリョフの仕事』（東海大学出版会、一九八一年）でも強調したように、ボガトゥイリョフの美点はそれだけではない。というよりもむしろ、そうした清新な解読装置を駆使して民衆文化に迫り、民衆の創造・想像力の世界がはらむ同時代的可能性を導きだしていった点にこそ、第一の魅力はある。たとえば、本書に収めた「民衆的創造における伝統と即興」においても、「民衆劇や民衆の演劇的行為において明白にあらわれる即興の研究は、民衆の演劇的行為の特質を解明するためだけでなく、プロの演劇における即興の役割の解明にとっても貴重である」と述べているが、事実、ボガトゥイリョフは当時のロシアやチェコのアヴァンギャルド演劇関係者たちと活発に交流していた。同論文では「そもそも、いかなる類の民衆芸術であれ、そこに即興がもちこまれないかぎり、伝統は紋切り型と化してしまうであろう。作品は機械化し、基本的機能のひとつ——聴衆や観客にたいする作用——を失い、しだいにフォークロアのレパートリーから姿を消してしまうにちがいない」とも述べているが、ボガトゥイリョフの著作でよくとりあげられている「即興」は、同時にまた自身の仕事における姿勢でもあったろう。

また、このように一貫して時代との緊張関係を保とうとする姿勢とも関連するが、ボガトゥイリョフの著作を読む場合に忘れてならないのは、ボガトゥイリョフの仕事がつねに開かれており、研究成果が他の分野の者たちによる「引用」を歓迎していることである。他方、自身もまた、いちはやくソシュール言語学をフォークロア研究や民族誌学にとりいれるなど、他分野の成果を積極的にとりいれている。『衣裳のフォークロア』において、「機能的方法を利用する民族誌学者は、現代の都会の衣服を研究している社会学者に豊かな資料を提供している。また他方では民族誌学のほうでも、社会学が手にしている成果のあとを追い、またそれらを利用することが不可欠であることも、いうまでもない」と述べているのも、もちろん、そうした姿勢の一例にすぎない。もっとも、こうした相互関係あるいは相互交流の重視は、ボガトゥイリョフ一個人というよりもロシアでのモスクワ言語学サークル全体、あるいはまたチェコスロヴァキアでのプラハ言語学サークル全体の特徴でもあった。いわゆる「サークル精神」である。

そこで以下のところでは、本書に収めた著作が書かれた時期を中心にしてボガトゥイリョフの仕事の特徴を、プラハ言語学サークルの理論的特徴ともくらべながら、紹介しておくことにしたい。

ちなみに、もはや旧聞に属するが、一九三〇年代に種々の分野で展開されたプラハ構造主義が（構造主義ブームがすでに到来していた六〇年代末の）日本においていかに知られずにあったかは、つぎのような例からも明らかである。

たとえばレヴィ＝ストロースが言及している「現代の音韻論」（一九三三年）においてトゥルベツコイは、「われわれの時代は、科学上のあらゆる学科が原子論を構造主義に替え、個体主義を普遍主義（もちろんこれらの語の哲学的意味において）に替えようという傾向を以て特徴とする。こうした傾向は、物理学、化学、生物学、心理学、経済学等にみられる。それゆえ、現代の音韻論は孤立無援ではない。それは更に広き科学的運動の一部をなす」と述べていた。このように、構造主義は諸分野にまたがる「広き科学的運動」であるといった認識は、早くからプラハ言語学サークル全体に共有されていたのであって、実際にも構造主義的方法は、言語学とほぼ並行して構造主義を確立した文学研究はいうまでもなく、フォークロア全般や演劇、音楽、建築、その他の分野においても効力を発揮し、さらには社会全体にまでも適用されようとしていた。この点はムカジョフスキーによっても明確に語られている。たとえば「シクロフスキイの『散文の理論』のチェコ語訳に寄せて」（一九三四年）では、「文学理論および文学史における構造主義が、孤立した例外ではないことに、注意を促しておきたい。構造主義に到達しようとする点で、文芸学は、同時代の科学的思考の一般的な傾向と、軌を一にしているにすぎないのである。研究の素材に織り込まれている動的な関係を明らかにすることが、作業上有効な手管であるのは、現代科学のほぼ全領域にわたって……たとえば芸術に関する科学だけでなく、一般美学、心理学、社会学、経済学、さらには自然科学においてさえ証明されつつある」と述べ、また「美学および文芸学における構造主義」（一九四〇年）においては、構造主義は個人の「発明」にかかわるものではなく、「近代の学問の歴史における発展上必然の段階である。……今日すでに心理学、言語学、美学と個々の芸術の理論と歴史、民俗学、地理学、社会学、生物学、それにおそらく更に他の諸学問における構造主義について語ることができる」と述べていた。ところが、わが国のある「構造主義」言語学者は、一九六九年に、当時の構造主義ブームに触れ、「率直にいって、言語学に携わる者のうちで、言語学の構造主義がこのように思想の問題にまで結びついてゆくだろうとあらかじめ推測ないし期待していたものは、決して多数ではなかった――そういっても、これまた過言ではなかろう」と語っていた。それほどにまでプラハ言語学サークルの全体像は知られていなかったということである。

2 初期ボガトゥイリョフ

本書の著者ボガトゥイリョフは、名はピョートル、父称はグリゴリエヴィチで、一八九三年にロシアのヴォルガ河畔の都市サラトフに生まれた（一九七一年死去）。モスクワ大学の学生であった一九一五年に同級生のヤコブソンらとモスクワ言語学サークルを結成し、ペテルブルグのオポヤズ（詩的言語研究会）と連帯して、ロシア・フォルマリズム運動を展開した。二二年にはソ連邦全権代表部職員ならびにプラハのモスクワ文学博物館職員として、チェコスロヴァキア共和国に派遣される。その後、ヒトラー軍の侵略をこうむる三九年まで当地に滞在して、数多くの重要な仕事を残すことになる（三四年からは、ブラチスラヴァのコメンスキー大学の民族誌学・フォークロア研究の助教授もつとめている)。主著としては、本書に収められた『衣裳のフォークロア』(『モラヴィア・スロヴァキアの民俗衣裳の機能』)以外につぎのものがあげられる。

『チェコ人形劇とロシア民衆演劇』(ヤコブソンとの共著)一九二三年

『ポトカルパツカー・ルスの呪術的行為、儀礼、俗信』一九二九年(千野栄一、松田州二訳『呪術・儀礼・俗信――ロシア・カルパチア地方のフォークロア』岩波書店)

『チェコ人とスロヴァキア人の民衆演劇』一九四〇年(桑野隆訳『民衆演劇の機能と構造』未来社に、「演劇の記号学」〈一九三八年〉とともに所収)

『チェコ人形劇とロシア民衆演劇』は、フォルマリストたちの『詩的言語論集』の第六巻としてオポヤズより刊行されたものである。ここではすでに、言語学にならいフォークロア研究も歴史偏重主義から離れて共時態をもっと扱うべきであると述べられているほか、ある現象が文学からフォークロアへ、あるいはその逆へと移行した場合にどのような変化が生じるかといったような――本書に収録の『衣裳のフォークロア』や「東スロヴァキアのクリスマスツリー」などで展開されることになる――環境の変化に伴う機能の変化への着目が見られる。また、第三章「チェコ人形劇とロシア民衆演劇における文体論的手法の共通性」では、撞着語法、音位転換、同義語、同音異義語、隠喩、隠喩の現実化、反復、コントラストその他の具体例があげられているが、それらからは「こっけいなるもの」へのボガトゥイリョフの志向も明確に見てとれる。また第四章の「民衆演劇に関する情報蒐集のプログラム」は一〇八項目にも及ぶ細かなものであるが、そこでも道化や人形遣い、のぞきからくり師などの「広場のことば」（バフチン）に入念な注意は払われており、「カーニヴァルの笑い」（バフチン）の記憶が重視されている。少し例をあげてみよう。

45 道化はパントマイムを演じるときに衣裳を変えていたか否か。
47 戦争もののパントマイムを演じるとき道化はどちらの陣営にいたか、敵方かロシア人側か。
48 盗賊ものの際には道化はどちらの陣営にいたか、盗賊側か兵士側か。
58 道化はどんな名で呼ばれているか。ペトルーシカ、じいさん、ドイツ人、その他。
59 道化の衣裳を記述せよ。
60 道化のメーキャップ、あるいは仮面、かつらを記述せよ。
61 道化はどんな出し物を演じるか。うたうのか、楽器を演奏するか、跳びはねるか、アクロバットをやるか、踊るか、その他。
62 道化の発音とイントネーションを正確に記録せよ。

63　道化が二人以上の場合、たがいに何が異なっているかを示せ。

このときの成果が三〇年代後半の民衆演劇論に存分に活かされることになる。

この二三年には、チャップリン論も二つ書いている。とくに「チャップリンと『キッド』」（翻訳は、桑野隆編訳『ロシア・アヴァンギャルドを読む――ソ連芸術記号論』勁草書房に所収）は、チャップリン映画の手法のフォルマリズム的分析として興味深いものであると同時に、喜劇的なるものと悲劇的なるものの結合、コントラストとパラレリズム、仮面その他のような、古くからの民衆演劇の伝統を「巧みに組み合わせている」点にチャップリンの真骨頂はあると結論づけている。ここでは、やはり伝統と即興の関係が問題にされていると同時に、ボガトゥイリョフのもうひとつの特徴も鮮明にうちだされている。すなわち、前近代的要素のなかに近代を超える可能性を見いだし、それを批判的に摂取しようとする姿勢である。

モスクワ言語学サークルは二四年に解散しているが、その後のボガトゥイリョフの活動拠点になったのは、一九二六年に結成されたプラハ言語学サークルであった。もともと、モスクワ大学の学生時代から畏友ヤコブソンをはじめとした優れた言語学者たちと交流はあったものの、言語学の概念や方法の導入が顕著になってくるのは、二〇年代末あたりからである。『ポトカルパツカー・ルスの呪術的行為、儀礼、俗信』に関して、一九六九年にボガトゥイリョフ自身がつぎのように述べている。

この本の目的は、儀礼の現状を記録することにあった。年中行事や家庭内での儀礼や慣習の共時的分析、超自然的な存在や現象をめぐるポトカルパツカー・ルスの農民の物語の共時的分析によって、これらの民族誌学的事象の形態と機能の両面にわたる変化が明らかになると同時に、儀礼をそこにおける呪術的機能のアクチュアリティーに応じて分類し、動機づけられた呪術的行為が動機づけを欠いた儀礼に移行する際にどのようにして美的機能がドミナント（支配的機能）になっていくかを跡づけることができた。

ここでは、後年の回想のせいもあって「機能」という言葉が使われているが、この本では実際にはまだ機能は前面にでていない。第一の特徴は共時的方法の実践にある。ただし、ソシュールから、「共時的一般言語学の対象は、共時的体系全体の基本的原則、あらゆる言語状態の構成要因を確立することにある」との一節だけでなく、「実際には、言語の状態は点ではなく、多少なりとも長くつづいた時間的空間であって、その間に最小限の変化が起こっている」とのくだりも引用しているように、ボガトゥイリョフの共時的方法は、儀礼その他が「変化していく法則や原理を発見する」ためのものでもあった。これもまた、プラハ言語学サークルに特有の、共時態と通時態の関係の動的な捉え方である。そのほか、言語学からの借用という点では、「動機づけの有無」云々や「アクチュアリティー」などもあげられよう。

後者については、本書に収録の「民族誌学における能動的な集団的事象と受動的な集団的事象（原題「能動的・集団的な民族誌学的事象、受動的・集団的な民族誌学的事象、生産的な民族誌学的事象、非生産的な民族誌学的事象」）でいっそう分明に方法化されている。そこではボガトゥイリョフは、民族誌学的事象を、まず「能動的な集団」のものと「受動的な集団」のものに分けている。前者は、「集団全体によって共通の財産とみなされているだけでなく、集団全体によってつくられる事象」である。村の女性全員がする刺繍とか、村の住人全員が知っている広く普及した歌などである。後者は、「ある集団の共有財産とみなされているが、その集団に属していないこともある個々の人びとによってつくられる事象である」。絵、特別な食器などのような「地方名産品」、農民出の一歌手がうたう英雄叙事詩などである。

また、「言語において生産的文法形式と非生産的文法形式とを区別する必要があるというソシュール理論とおなじように、農業儀礼のなかにも、意味内容を維持している生きた儀礼と非生産的な儀礼とがある。非生産的な儀礼の意味を理解している者は村にはすでに誰もおらず、こうした儀礼の多くはその世代の生活から離れ、消滅していく運命にある」とも、述べている。『ポトカルパッカー・ルスの呪術的行為、儀礼、俗信』がでた一九二九年には、ほかの著作においてもソシュールの名が幾度かあらわれている。たとえば、ヤコブソンとの共著「創造の特殊形態としてのフォークロア」は〈この要約にあたる「フォークロア研究と文学研究〈原題「フォークロア研究と文学研究における境界画定の問題によせて」〉は本書に所収〉、「集団の前もっての検閲」なる考えをうちだしたものとして広く知られているが、ここでも、「フォークロア作品は、個人を超えた潜在的なかたちでのみ存在しており、一定の規範と創作意欲の集合体にすぎない。これは生きた伝統というカンバスであり、遂行者は個人的創造という模様でいろどっているのである。これは〈ソシュール的な意味での〉パロールの行使者がラングにたいしてとる態度と似ている」といったように、ソシュールが引かれている。

このように、ボガトゥイリョフはソシュール理論を高く評価し、フォークロア研究にも応用しようとしていたわけであるが、そのことはソシュール理論をそっくりそのまま受け入れたことを意味するわけではけっしてない。いちばん大きな違いは、ボガトゥイリョフの場合にはまず第一に機能の問題が重視されていたという点にある。

3 機能

やはり一九二九年の「民族地理学の問題によせて」では、すでにつぎのように述べられている。

民族地理学の方法によって、われわれは民族誌学的事象の機能の変化にたいする一連の貴重な観察をおこなうことができる。ご承知のように、二つの領域の文化が衝突するときには、人為的に民俗衣裳が保持され、しかもこの衣裳の古い諸機能に新たな諸機能が付け加えられる——たとえばその衣裳が意識的な民族的特徴と化す——ようなケースが、見られる。……また、このような伝統的衣裳の故意に民族主義的な機能は、そうした衣裳を完全なかたちで保持することをけっして要求していないことがよくある。たとえば民俗衣裳から、シャツの刺繍だけが——つまり民族性のいわば信号のごとく定められた個々の特徴のみが——残されている。

このように「機能」が問題にされるとともに、ここには、すでに衣裳の記号論が二〇年代末には芽生えていたことも看取される。これもまた注目すべきことである。機能に関して、ボガトゥイリョフはさらにこうつづけている。

機能のこのような交替は、物質文化の領域においてだけでなく、精神文化の領域においても生じうる。たとえば、以前の呪術的儀礼が他の文化の影響で純粋に美的な機能をおびたり、また逆に自己充足的な遊びが他の文化の影響下でときおり呪術的行為となっているケースが見られる。

ちなみに、機能へのこうした注目に関してボガトゥイリョフは、当時、イギリスの人類学における機能主義を知らず、それに依ることなく、言語学から示唆を得たと証言している。また、「民族誌学とフォークロア研究における機能構造主義的方法と他の方法」（一九三五年）では、ロシアのゼレーニン（一八七六―一九五四年）の機能主義的立場に高い評価を与えている。じつはロシアでは、プロップの『民話の形態論』（一九二八年）でも、機能なる概念が有効に用いられていた。やはり「民族誌学とフォークロア研究における機能構造主義的方法と他の方法」でボガトゥイリョフが言及しているスカフトゥイモフもふくめ、共時的研究をいちはやくフォークロア研究に取り入れていた当時のロシアでは、機能なる概念が前面に出てくるための素地はすでに十分にできていたといえよう。

ところで、プラハ言語学サークル全体に話を移せば、この「機能」はむしろ「構造」以上にサークルを特色づけるものであるともいえる。「構造主義」のみでは、その後に成立したコペンハーゲン構造主義やアメリカ構造主義と混同されかねないため、「機能構造主義」あるいは「機能言語学」と名乗ることもまれではない。「プラハ言語学サークル・テーゼ」（一九二九年）では、「言語学的分析は機能主義的立場を尊重すべきである。機能主義的観点から見れば、言語とは目的をもった表現手段の体系である」としていた。つまり、言語事実にたいする構造的アプローチを、それらの機能の一貫した考慮とむすびつけていた。ここでいう「機能」とは、言語のいかなる項（文、語、形態素、音素、その他）も、なんらかの目的に仕えているがゆえにのみ、また言語はそれが果たすべきなんらかの機能（たいていは伝達の機能）をもっているがゆえにのみ、存在するということを意味している。プラハ言語学サークルの言語観の根底には、言語は、言語外の現実から密閉されたように分かたれた自己充足的な全体ではなく、その主要な機能はこの現実に反応したり言及することにあるとの見方がおかれていた。

なお、「構造主義」という用語を最初にもちいたのはヤコブソンとされているが、そのとき（一九二九年）のヤコブソンの文章にも「機能」はでてくる。

今日の学が主としてめざしているものを、その多様なあらわれのすべてにわたってひとつにまとめようとするならば、〈構造主義〉ほど適切な名称を見つけることはむずかしかろう。現代の学が検証している現象群はいずれも、機械的な塊としてではなく構造的全体として扱われており、その基本的任務はこの体系の——静的であれ発展的であれ——内的な法則を明らかにすることである。学問的関心の中心にあると思われるのは、外からの刺激ではなく、発展の内的な前提である。いまや、諸過程の機械的な把握は、それらの機能の問題に場所を譲っている。

前記の「プラハ言語学サークル・テーゼ」でも、「詩的作品は諸機能からなる構造になっており、そのさまざまな要素は全体との関連の外においては理解できない。客観的に同一の要素が、さまざまな構造において、まったく異なった機能をおびることがある」と明記されていた。またそれと同時に、プラハ言語学サークルはこの機能の多重性も重視した。たとえばヤコブソンは「ドミナント」(一九三五年)においてつぎのように述べている。

言語素材を扱う限り、われわれが詩的作品を美的機能(より正確には詩的機能)と同等視することは、自己充足的な純粋芸術、つまり芸術のための芸術を宣する時代の特徴である。フォルマリスト学派の初期段階においては、このような同一視の痕跡がまだ明白に認められた。しかしながら、この同一視が誤りであることに疑問の余地はない。詩的作品というものは美的機能に限定されるものではなく、その他にも多くの機能を担っているのである。事実、詩的作品の意図は、哲学や社会教育などと密接な関係があることが多い。詩的作品がその美的機能によってのみ論じ尽くされるものではないと同様に、美的機能も詩的作品にだけ限られるものではない。詩的作品は、美的機能をドミナントとする言語伝達として定義されるのである。

ボガトゥイリョフはこうしたプラハ言語学サークルの考えを、言語学や文学研究ではなく、もっぱらフォークロア研究や民族誌学の分野で活かしていった、ということになろう。「東スロヴァキアのクリスマスツリー」では、「個々の民族誌学的事象は、ふつう、同時に複数の機能を有しており、これらの機能は構造的にたがいにむすびついている」と簡明に整理された表現がすでに用いられている。ここではボガトゥイリョフは、クリスマスツリーの受けとめられ方の変化の例をあげて、こう述べている。

以上あげてきたようなクリスマスツリーとむすびついた儀礼は、このように、主要な機能である美的機能から呪術的・宗教的機能への移行の例となっている。

こうした移行が起こるのは、この慣習が、もろもろの儀礼からなる別構造をともなった別環境に入ると、この別構造の要求に応えるような位置をそこで占めることになるためである。

したがって、つぎのようになる。すなわち、おそらく、都市におけるクリスマスツリーの慣習は、呪術的機能を主要な機能としていることの多い民衆の慣習にある程度もとづいて発生した……。しかし、都市では、美的機能にたいしてほかの全機能が徐々に場所を譲っていく。その後、クリスマスツリーは、呪術的儀礼がまだ重要な役割をはたしている農村地域へとふたたび入っていく。

……例が再三示しているのは、例のおかれていた環境を知らずして、何らかの慣習のもつ意味を復元することがいかに危険であるかということである。ある地域における迷信の構造全体や、この慣習がそこで占める位置をわかっているときのみ、このような慣習は正確に理解されるのである。

こうした研究方法は、前記の「民族誌学とフォークロア研究における機能構造主義的方法と他の方法」において「機能構造主義」と名づけられ、三〇年代なかばから後半にかけて、斬新な成果をあげていくことになる。また、この論文は、衣裳、民話、英雄叙事詩、民謡、詩などをとりあげる一方、「ドミナント」概念をヤコブソンの論文「ドミンナント」とほぼ同時期に用いている点でも新しい面を見せている。じつは、この考え自体は、すでにロシア・フォルマリズム後期にもあったものであり、ボガトゥイリョフの念頭にもおかれていたものであったが、「ドミナントな機能」という表現で用いられたのは、これが初めてである。

ロシアではオーバーシューズを都市で履いていたのは、履き物を泥から守るためであった、すなわち、それがその主要機能であった。いい天気の日には履かなかった。ところが、オーバーシューズは村に浸透してゆき、一挙にそのドミナントな機能が変化した。オーバーシューズのドミナントな機能として、尊大や自慢があらわれた。オーバーシューズは村では、とくに祝日、それに天気のいい日に履くようになった。

このようなボガトゥイリョフの機能構造主義は、『衣裳のフォークロア』において存分に効力を発揮することになる。

この著作に関して、ボガトゥイリョフは晩年にこう回想している。

（これは）民俗衣裳の構造を、特殊な記号体系として検討したものである。そこでは、衣裳が構造的にたがいにむすびついた種々の機能（衣裳を身につけている者の年齢や家庭状況、職業その他を示す機能）の束を担っていることが指摘されている。また、モノとしての衣裳と記号としての衣裳の定義に一章があてられている。これは、民族誌学に記号論的方法を適用しようとしたわたしの初期の試みのひとつである。わたしが思うには、機能・構造的方法は、民俗衣裳の研究だけでなく、村の建物、農機具、その他の物質文化や、まじない、ことわざ、呪術的行為、民話、歌その他の精神文化の研究にとっても、助けとなる。

では、機能のこういった重視はどこに淵源を発しているのであろうか。やはりプラハ言語学サークルのメンバーであったムカジョフスキーの「建築における機能の問題について」(一九三七―三八年)によるならば、「機能という考え」は「近代文化の基本的な作業仮説」であり、「それによって、事物をその物質性を否定することなく出来事としてとらえること」、また「世界を運動としてと同時に人間の活動の固定的な基盤としても示すことができた」とのことである。しかし、このような一般的背景があったにせよ、プラハ言語学サークル全体にほぼ共通する具体的な出発点は、すでに早くよりロシアやチェコの学者たちに共有されていた言語の多機能性――伝達的機能、詩的機能、その他――の重視にあったものと思われる。

4 構造

ボガトゥイリョフの場合、こうした「機能」重視は、三〇年代初頭の一連の論文において、「構造」と組み合わさり、「機能構造主義」として登場するようになる。たとえば、「民族誌学的実践」（一九三〇年）や「レヴィ＝ブリュルとヨーロッパ民族の民族誌学」（一九三〇年）などでは、やはり美的機能と呪術的機能の相互移行の問題をとりあげつつも、機能のみが問題にされていたのにたいして、三一年のその名も「構造的民族誌学に寄せて」と題された論文では、まじないのもつ多機能性に触れた導入部のあとで、はじめて判然と「構造」をうちだしている。

ある民族誌学的現象がいくつかの機能を有しているならば、その機能的多重性は、構造心理学（ゲシュタルト心理学）の方法に似た方法の使用へとわれわれを導く。「構造」なる概念の下に何を意味しているかを取り決めておこう。コフカのつぎのような定義を用いることにしたい。すなわち、「各成分が他の成分と関連し合い……、各成分が独自の特性を、他の特徴の助けを借りて、また他の特徴とともに有しているような種々の契機の結合を、今後、構造と呼ぶ」。したがって、構造なる概念はふたつの特徴をふくんでいることになる。

1　構造を付与された事実や現象の諸側面・諸要素が多重的で多様であること。

2　それらの要素が組織されており相関関係にあること。これによって、所与の事実や現象はその全体性や統一性を保持できていること。

民族誌学的事実の構造的研究はきわめて実り多きものになりうる、と考えられる。このような研究を基礎にすることによって、民族誌学的法則をきずくことができるようになるであろう。

同様の見解は、同年の『ツェントラリナヤ・エヴローパ』誌に掲載された「ポドカルパツカー・ルスにおける民族誌学者の課題」においても披露されている。

ただし、この「構造」に関しても断っておかねばならないのは、ボガトゥイリョフに限らずプラハ言語学サークル全体が念頭においていた「構造」は、実際には、当時の心理学や生物学で唱えられていた構造とはいささか異なっており、きわめてダイナミックな構造であったということである。すでにロシア・フォルマリズムにおいても、たとえばトゥイニャノフが『詩の言語の問題』（一九二四年、邦訳は水野忠夫、大西祥子訳『詩的言語とはなにか』せりか書房）において、芸術作品は弁証法的な統一体であって、その各要素が優劣を競って永久にたたかっているような「動的な構造」であるとしていたが、こうした構造観がプラハ言語学サークルにも引き継がれていた。また、その構造は、閉じられたものではなく、むしろプロセスであった。このような考えは、ムカジョフスキーの「構造主義について」（一九四六年）によくまとめられている。

われわれの概念にしたがえば、われわれは、その内的均衡が絶えずかき乱されたり、新しく回復されており、したがってその統一性が弁証法的矛盾の一セットとしてわれわれに見えてくるような、そのような要素の一セットのみを構造とみなすことができる。……相互関係のなかで個々の要素はドミナントになろうと絶えず競いあっている。……換言すれば、ヒエラルキー（……諸要素の相互の従属と支配）は、たえず再グループ化している状態にある。

このように構造内部のダイナミズムを強調すると同時に、プラハ言語学サークルは構造を他の諸構造との相互関係のなかにもおいていた。たとえば、美的構造は、他の文化系列、つまり科学、宗教、経済等と出くわし、それらとともにすこぶる複雑な弁証法的相互関係のなかに入る。こうして文化全体、社会全体を、相対的に自律していると同時に階層的に組織されている諸構造の動的相互関係として把握しようとしていた。

ボガトゥイリョフの「構造」も、前記のようにコフカを例に引いているとはいえ、実際には、ムカジョフスキーの説くような動的な構造になっている。

こうしたことからもうかがえように、プラハ言語学サークルの構造主義は、他の地域のどの構造主義とくらべても動的なものであった。

そのことは、「わたしは、民俗衣裳の個々それぞれの機能を検討するだけでなく、個々の衣裳がもっている〈諸機能からなる構造〉をも明らかにするつもりである」という『衣裳のフォークロア』からも十分に理解されよう。

衣裳の変化は、生活構造全体の変化――衣裳の新たな機能の出現をもたらすような変化――の一部分にすぎない。また、数々の機能をもつ衣裳も生活の一般的構造――とりわけ民族の世界観や経済システム等々にもとづいている構造――の一部分にすぎないために、構造がすっかり変化してしまうと、その構造の一部分を人為的に保っておくことなどできはしないであろう。

また、ボガトゥイリョフのこうした研究は、構造的にむすばれた事象はそれらの事象の総計とはまったく別の何かであるという見解に、いっそうの確信をもたらし、つぎのような注目すべき結論に至っている。

諸機能からなる一般構造は、個々の要素として構造全体を形成している個々の機能とは異なる独自の機能をもった全体となっている。この機能は人びとのあいだではときおり「わたしたちの衣裳」と名づけられている。それは地域を示す機能だけを意味しているのではなく、構造全体を形成している他のすべての機能からは導きだしえないなにか特別な機能を意味している。言語の場合に言い換えるならば、母語は、「わたしたちの衣裳」とおなじように、〈諸機能からなる構造〉の機能をもっている、ということになる。わたしたちがそれを他の言語よりも好むのは、それがわたしたちの思いを表現するのに実用的にもっとも便利であるとみなしているからだけではないし、またそれがわたしたちにとってもっとも美しい思われるからだけでもない（わたしたちの母語も、わたしたちの衣服も、わたしたちがいちばん美しいとみなしているとはかぎらない。逆に、他者の言語も他者の衣服も、よりエキゾティックなものとして、より美しくみなされることがある。さらには、母語も民俗衣裳も実用的観点からもっとも便利であるとみなされているとはかぎらない。言語はある国において思いを表現するには不便なものとなっていることもあるし、民俗衣裳が仕事に不便なこともある）。母語は、「わたしたちの衣裳」と同様、わたしたちにもっとも身近なものとして好まれるのであり、〈諸機能からなる構造〉の機能もまさにこのようなものとしてあらわれ、意識される。

また、この「わたしたちの衣裳」は〈諸機能からなる構造〉の機能からだけでは導きだしにくく、そこには「情緒的ニュアンス」も伴っているとの見方も、注目されよう。そしてこうした見方は、「わたしたちの言語」、「わたしたちの文学」その他にも応用できるであろうとしている。実際、〈諸機能からなる構造〉なる考え方は、逆に言語学にも影響をあたえることになる。

また、ボガトゥイリョフは、こうした機能構造主義は、村の建物や、家具、農機具、民話、民謡その他にも適用可能であろうと述べている。たとえば「機能的観点からみた民謡」(一九三六年)では、「歌は、美的機能以外にも、呪術的機能、地域を示す記号の機能、労働にリズムをそえる機能、歌い手の年齢や性を伝える機能、その他をもっている。……実際、民謡では、美的機能がドミナントな機能でないケースがよくある」と述べているが、ここでもボガトゥイリョフは、他のジャンルの歌との関係、環境、主体との関係にも注意を怠らない。すなわち、一般に流布している構造主義とは異なり、機能構造主義ではつねに「外部」との関係も考慮されている。さらにはまた、民謡がメロディ重視か歌詞重視かといった点にも触れているが、そのような目配りは本書収録の「行商人と放浪職人の叫び」でも活かされている。

5 記号

この「行商人と放浪職人の叫び」は副題に「広告の記号」とあるように、広告ないし宣伝の記号という視点から「叫び」をとりあげたもので、これまた当時としては斬新なものであった。ボガトゥイリョフの記号論はすでに一九三〇年代にプラハで展開されていたわけであるが、これが発表されたのは一九六二年にモスクワで開かれた「記号体系の構造的研究に関するシンポジウム」においてである。じつは、ボガトゥイリョフの記号論の先駆のひとりにバフチンがいるが、そのバフチンが提唱した「イデオロギー学としての記号論」はロシアでは一九三〇年代初頭よりタブーになっていた。そうしたなかで、ようやく六〇年代になってソ連内の若い気鋭の学者たちが改めて起こそうとしていた記号論運動の出発点に、ボガトゥイリョフが象徴的存在として招かれたのである。ちなみに、ボガトゥイリョフ当人も、一九三九年のナチ侵入を契機にソ連にもどったものの、冷遇状態がつづき、むろん記号論的な著作は発表できずにいた。

ボガトゥイリョフの著作において記号論的アプローチが鮮明にでてくるのは、『衣裳のフォークロア』の前年（一九三六年）に発表された「記号としての衣裳」である。これはほぼそのまま『衣裳のフォークロア』の一六章としてくりかえされている。

ここにも示されているように、ボガトゥイリョフの記号論は、バフチン（あるいはその仲間のヴォロシノフ、メドヴェジェフなどを含めたバフチン・サークル）を引き継いだかたちになっている。当のソ連ではバフチンは流刑され、また記号論自体も禁忌状態におかれていたが、バフチンのいう「イデオロギー学としての記号論」がプラハで活かされていたわけである。「衣裳の機能は、衣裳をまとっている者たちの志向の表現となっている。衣裳の機能には、まるで小宇宙におけるがごとくに、それを身につけている者たちの美的、道徳的、民族的見解が反映しており、それらの見解の強度も反映している」とボガトゥイリョフが述べるとき、やはりこの記号論もまた「イデオロギー学」であることがうかがわれよう。

バフチンは、フォルマリズムとマルクス主義の論争が激化していた一九二〇年代後半のロシアにあって、その対立の超克の一環としてポリフォニーや記号論をうちだしてくる。そして、「マルクス主義の文献のなかに、イデオロギー現象という特殊な現象にたいするまとまった公認の定義がいまだ存在しない」状況下にあって、イデオロギーの世界を、記号の世界としてとらえようとした。「あらゆるイデオロギー的所産は、自然の物体、生産用具あるいは消費財のように——自然および社会の——現実の一部分であるだけではない。それだけはなく、列挙したような現象とは異なり、他の、その外部に存在する現実を反映し、かつ屈曲させるのである。つまり、それは、その外部にある何かを表示し、描き、取って代わる、いうなれば記号なのである。記号のないところには、イデオロギーもない」と主張した。あるいはまた、「世界観や信仰、あるいはいまだ不安定なイデオロギー的気分でさえも、人びとの体内や頭や〈魂〉のなかにあるのではない。それらは、言葉、行為、衣裳、作法、人びとやモノの組織体、要するになんらかの記号的素材のなかに実現されてはじめて、イデオロギー的現実となる」との言い方などは、ボガトゥイリョフのめざすものにさらに近い。

ただし、ボガトゥイリョフが記号論を展開した背景としては、バフチンのほかに、プラハ言語学サークル全体に記号論運動への機運が高まっていたという事情もあげておかねばなるまい。たとえば、ムカジョフスキーは「記号学的事実としての芸術」(一九三四年)のなかで、やはりフォルマリズムとマルクス主義の対立の止揚を図って、つぎのように述べている。

ある芸術作品の構造の研究は、芸術の記号学的性格が十分に明らかにされない限りは、必然的に不完全であると言わねばならないだろう。記号学的な方向を持たなければ芸術の理論家は、常に、芸術作品を純粋に形式的な構成物と見做すか、あるいはそれが心的であるにせよ生理的であるにせよ、著者の気分の直接の反映とすら見做す方向に傾くか、あるいは作品によって表現された別の現実であるにせよ、所与の環境のイデオロギー的、経済的、社会的、文化的状況であるにせよ、何かの直接の反映と見做す傾向に向うであろう。……記号学的観点だけが理論家に、芸術的構造の自律的存在と本質的なダイナミズムを認識し、芸術の発展を文化の他の領域の発展とたえず弁証法的に連関している内在的な運動として把握することを可能にする。

そして、プラハ言語学サークル全体としても、一九三五年に創刊した機関誌『言葉と文学』の「緒言」において、「あらゆる現実は、感覚的領域からもっとも抽象的な思考にいたるまで、現代の人間にとっては複雑に組織された記号の領域としてあらわれる」と述べ、記号論が現代の知的・文化的復興におけるもっとも肝要な問題であると宣していた。

ボガトゥイリョフの『衣裳のフォークロア』は、こうした流れのなかで、フォークロア、民族誌の部門を担当したものともいえよう。「衣裳の社会的機能を認識するためには、われわれが他の言語を読んだり理解することを学ぶのとおなじように、これらの記号（衣裳）の読み方を学ぶことが不可欠である」との立場から展開されたこの『衣裳のフォークロア』は、のちにロラン・バルトの『モードの体系』やウンベルト・エーコの「服装は生きている」に影響をおよぼしている。「今日、セミオロジーの問題に手をそめたものは、朝、鏡の前でネクタイをしめるとき、自分があるイデオロギーを選んでいるのだという自覚をもつにちがいない。……たとえ言語は用いなくとも社会が語りかけることに耳を傾けることのできないものは……社会を知らないのである。したがって、社会を変革することもない」とのエーコの言葉は、ボガトゥイリョフの記号論と響きあっている。

6　笑い

こうしたプラハ言語学サークルの記号論は、文学やフォークロアだけでなく、演劇、音楽、建築、その他の多様な領域で展開されていくが、さきにも述べたように、一九三九年のナチ侵入に伴い、ヤコブソンやボガトゥイリョフたちがチェコスロヴァキアからの脱出を余儀なくされるなど、活動は停滞し、またその成果の多くがチェコ語での発表であったせいもあって、世界的にはほとんど知られずにおわっていた。

ソ連にもどってきたボガトゥイリョフは、三〇年代初頭より記号論が禁忌になっていた地であれば当然ともいえるが、研究環境に恵まれず、めぼしい著作を発表できない状態がつづく。

ヤコブソンは、「一九五八年よりボガトゥイリョフはモスクワ世界文学研究所の高等研究協会で働くものの、似非アカデミックな上司にのべついじめられ、一九六三年に結局、この上司によって解雇されてしまった。しかし、このひどい不正の犠牲者は、演劇的扮装にたいする真の天分をもちあわせており、いかなるプリミティヴな芝居にもある二重性——たがいに分かちがたい関係にある悲劇と道化芝居——を十分に承知しており、そのことに深く傷ついたりはしなかった。おだやかな冷やかしでもって、かれは、迫害者をかなり鋭いファルス風の悪漢とみなして、天使の介入を待っていた」と記している。その意味では、六〇年代初頭に小さなグループではじまったソ連の記号論運動は、まさに「天使」であったのかもしれない。

また、注目すべきことに、本書に収めた「行商人と放浪職人の叫び」をはじめとする一九六〇年代の著作は、基本的には三〇年代の衣裳や演劇の記号論のバリエーションであるが、それと同時に、バフチンのカーニヴァル論と呼応している面も少なくない。バフチンの『フランソワ・ラブレーの作品と中世・ルネッサンスの民衆文化』が刊行されたのは一九六五年であるから、「行商人と放浪職人の叫び」の段階ではボガトゥイリョフはこのカーニヴァル論を読んではいない。だが、関心領域や問題意識はかなり重なりあっている。バフチンもまた「広場の卑語の特殊な構造」に関心を抱いていた。

この客寄せは……民衆的・祝祭的笑いでみちている。これは宣伝する対象とたわむれており、手当たりしだいに口に浮かぶすべての〈聖なるもの〉〈高尚なるもの〉を自由気ままな遊戯に引き込む。……ついでに指摘しておくが、民衆的宣伝は常に反語的（アイロニカル）であり、常に何らかの程度まで自分で自分を笑っている（ロシアの小間物商人や田舎まわりの行商などの宣伝ぶりがそうであった）。……中世の広場や街頭の〈叫び〉（cri）には常に笑いが響いていた。

こうしたバフチンの文章を見ると、あるいはバフチンは一九四〇年に書きあげた博士論文「リアリズム史上のラブレー」を一九六五年に『フランソワ・ラブレーの作品と中世・ルネッサンスの民衆文化』としてだす前に、ボガトゥイリョフを読んでいたのではなかろうかとも思われなくはないが、裏づけはない。しかし、「行商人と放浪職人の叫び」に見られる、「古くなった下着《ボーニキ》やカバー《スボールキ》／綿入れの婦人外套《サロープイ・カボートゥイ》／ぼろや破れた布《ルバニーヌー》／ひどい結納の羽布団《ペリーヌー》／ほっぽりだされた枕《ポドゥーシク》／もつれたアクシューシカ（女性名クセーニャの愛称）／ありとあらゆるぼろくず《ロフモーチヤ》／酔っぱらったアヴドーチヤ（女性名エヴドキアの俗称）／買い集めていきますよ《ボクウバーエム》／御主人を救い出しますよ《オスロボニャーエム》」などの卑語、あるいはまた「ニュルクたちやシュルクたちに、サーシカたちやパーシカたちに、ヴァリュシカたちやマニュシカたちに、ナターシカたちやパラーシカたちに、チーシカたちやミーシカたちに、ヴァネニカたちやヴァセニカたちに、グリシュトカたちやミシュートカたちに、ガニカたちやサニカたちに」といった無意味なまでの名前の列挙は、明らかにカーニヴァル的時空ならではのものである。たがいを笑いあう非日常的空間にほかならない。

この論文は、民衆的広告の記号の特徴を簡潔ながらも多面にわたって整理したものであるが、やはりここでも、ボガトゥイリョフの取りだした記号がじつにダイナミックであることが目を引く。それは、大規模なカーニヴァル的転倒とまではいかないにしても、客や状況との関係しだいで、お世辞にも嘲笑にもなる両面価値的な記号であることに、変わりない。

他方、バフチン側からの場合とはちがって、ボガトゥイリョフ側がバフチンのラブレー論を絶賛していたことは、知人の回想録などから知られている。また当人も、「定期市のこっけいなフォークロアにおける芸術的手法」（一九六七年）についてつぎのような説明をおこなっている。

見世物小屋や回転木馬の呼びこみのじいさん、あるいはのぞきからくり師などの地口、ペトルーシカ（人形）の警句、買い手に呼びかける商人の叫びは、しばしば聞き手との対話に移り、本来の劇場のシステム外で俳優と観客のあいだでなされる独特な演劇的交流形式となっている。立ち止まった通行人はパフォーマンスの見物人や参加者となる。本論でとくに注意が払われているのは、定期市のフォークロアの遠慮のないことばである。見世物小屋のじいさんやのぞきからくり師、あるいは商人ですらがあたえる客への嘲笑を、ふつうは客が好意的なものとみなしているという事実は、定期市の群集の陽気な気分、あるいはまたバフチンが書いた独特なカーニヴァル的雰囲気でもって、説明がつく。

ボガトゥイリョフの機能構造主義や記号論を問題にする場合には、こうした〈カーニヴァルの笑い〉、〈民衆の笑い〉との結びつきも見逃せないであろう。つまり、たがいに笑い笑われることによって、こっけいなのはわれわれ個々人ではなく世界そのものであることを感得するカーニヴァル的感覚を、バフチン同様、重視していたのである。

前記のようにヤコブソンによれば、こうしたカーニヴァル的精神が、苦境にあってもボガトゥイリョフを平然とさせていたということであるが、たしかに、ボガトゥイリョフは、いかなる状態、いかなるもののなかにも、「伝統」と「即興」の動的関係、場合によっては「カーニヴァル的転倒」すら、見いだそうとしていたともいえなくもない。一見不動に思われるもののなかにも動的要素を見いだしてくるのが、ボガトゥイリョフの本領であった。そして、最初にも触れたように、つねに同時代が「引用」してくれるのを待っているのもボガトゥイリョフである。たとえば民衆演劇論では、「現代の劇作家や演出家は、しばしば民衆演劇とおなじ芸術的手段を利用していることも指摘しておきたい。特別な付属物によらず俳優の身振りや音響でつくりだされる舞台装置、悲劇的舞台と道化芝居の結合、人形と生身の俳優の共同演技、舞台と観客の厳密な境界の破壊、テクストへの演出家の介入、即興性、その他」と述べるとともに、「民衆演劇の諸手法の入念な研究は、現代の劇作家や演出家が民衆の伝統を利用するのを助けるとともに、現代演劇の芸術的手段の宝庫をも豊かなものにするであろう」と添えている。

ボガトゥイリョフのこうした基本的姿勢は、演劇のような見るからにダイナミックな事象を扱った著作だけでなく、ほぼすべての著作において一貫している。『衣裳のフォークロア』、それも民俗衣裳という伝統的で変化しにくい事象をテーマとしたものですら、ボガトゥイリョフが導きだしている衣裳の多機能性、それらの機能の変化、あるいはまた記号としての衣裳などには、やはり「ダイナミズム」が認められる。それと同時にまた、この衣裳論も今後の「引用」、応用も待ちのぞんでいる。

主要参考文献

バフチン『フランソワ・ラブレーの作品と中世・ルネッサンスの民衆文化』川端香男里訳、せりか書房、一九七三年

ムカジョフスキー『チェコ構造美学論集』平井正、千野栄一訳、せりか書房、一九七五年

桑野隆『民衆文化の記号学――先覚者ボガトゥイリョフの仕事』東海大学出版会、一九八一年

桑野隆、大石雅彦編『ロシア・アヴァンギャルド6・フォルマリズム（詩的言語論）』国書刊行会、一九八八年

桑野隆「構造主義の成立」（『岩波講座・現代思想5・構造論革命』一九九三年に所収）

ミハイル・バフチン『バフチン言語論入門』桑野隆、小林潔訳、せりか書房、二〇〇二年

Петр Григорьевич Богатырев. Воспоминания. Документы. Статьи, СПб., 2002

モラヴィア・スロヴァキアの民俗衣裳の機能

1　はじめに

本書で論じられているのは、モラヴィア・スロヴァキアで民俗衣裳が果たしてきている機能である。モラヴィア・スロヴァキアの資料に限定したのには理由がある。まず第一に、この「現在のチェコ共和国内の東部に位置するモラヴィア地域のなかのさらに一部分という」比較的小さな地域で（クルヴァニャ、フーセク、ヴァーツラヴィークその他によって）蒐集されてきた貴重な資料は、衣裳が果たしているさまざまな機能や、それらの機能からなる構造、その他に関するわたしの見解を例証するのに、十分なものであった。第二に、この地域の住民は、地理的位置や政治的位置ゆえに、衣裳がこの地域内で果たしているさまざまな機能をきわだたせていた。強調しておくが、わたしの目的は、モラヴィア・スロヴァキアの衣裳に関する現存の資料を完ぺきに研究することではない。そうではなく、この地域で蒐集された資料にもとづいて、この地域やその他の地域の衣裳が果たしている機能に関する理論的問題を提起し、その解決を図るということに、主眼はおかれている。

わたしがここで民俗衣裳の機能の分析に際して明らかにしていることの多くは、ほかのどんな衣服にも当てはまるものと思われるが、ただし、民俗衣裳は都会の衣服、流行に合わせた衣服には当てはまらないような特徴ももっている。[1]

2　衣裳の〈諸機能からなる構造〉

わたしは、民俗衣裳の個々それぞれの機能を検討するだけでなく、個々の衣裳がもっている〈諸機能からなる構造〉をも明らかにするつもりである。ご承知のように――衣裳を身につけている当人たちから聞いたときなどはとくにそうだが――衣裳はいくつもの機能をもっており、[2] その際、それらの機能のうちのひとつないしいくつかが支配的位置を占め、残りの機能は従属的な役割を果たしている。たとえば、地域を示す機能や民族を示す機能が鮮明にあらわれているような衣服が、同時にまた、きわめて美しいものともみなされたり（美的機能）、きわめて便利なものともみなされている（実用的機能）。ひとつの支配的機能が残りの機能を抑えこんでいるケースも、まれではない。さらにはまた、支配的機能があまりに強すぎて、衣服の不便さや、またときには衣服がもとでの病にすらも、耐えねばならないこともある。「美しくあるためには耐え忍ばねばならぬ」というフランスのことわざは、未開の民族のなかには死すら招きかねないような苦しみをも美しい服のためには耐えるべきとされるケースがあったことを示す数多くの事例によって、裏づけられている。たとえば、胴体部分や足、頭などを無理やり変形させたり、身体に刺青を彫ったりする。ヨーロッパの衣服の個々の要素——コルセットなど——がもたらす苦痛や病も、同様である。[3]

モラヴィア・スロヴァキア地方の場合でいえば、花嫁とその付き添い人がつけたり、ホディの祭り［村の守護聖人を称える秋祭り］で女性の世話人がつける窮屈な頭飾りなどが、例にあげられよう。

「編みあげた髪に、布製の輪が黄銅の針で留められている。頭は相当きつく締めあげられているが、花嫁やその付き添い人、あるいはホディの祭りでの女性の世話人は、こうしたたいへんな頭痛に懸命に耐えている。」（ヨゼフ・クルヴァニャ『モラヴィア・スロヴァキアの民俗衣裳』——『モラヴィア・スロヴァキア』、第一巻、プラハ、一九二三年——一二五〇頁）[4]

衣服、とりわけ民俗衣裳の個々の機能の構造的連関は、きわめて鮮明にあらわれており、民族誌学関係の事象の研究にとって構造的方法がもつ意義を裏づけている。

3　祝日的機能、儀式的機能、儀礼的機能

民俗衣裳においてとりわけ鮮明にあらわれている機能のひとつは、祝日の衣装に特有の機能である。祝日の衣装をふだん着から区別しているこの機能の役目は、その日の祝祭性を強調することにある。ときには、こうした機能が、もっぱら教会へ行くために着るような衣服の機能に近づくこともある。礼拝のために特別の衣服をまとった聖職者とおなじように、教会に集う信者たちも特別の服装をするのである。

教会へ行くために着るときの祝日用衣服を、信者たちが教会用の衣服とみなしている、もっとも端的な例は、スロヴァキアに見られる。

「スロヴァキアのボシャーツァ谷では、女性たちは五二種類もの前掛けをもっており、教区の司祭が日曜日にどのような法衣を着るかに応じてつけ替える。[5]」

いくつかの村では、祝日の衣裳が見られるのは、教会のなかだけであったり、教会への行き帰りのときだけである。

「古い様式の女性服はホルニャーツコでもしだいに消えつつある。ヤヴォルニークの福音改革

派教会でだけ、日曜や祝日に当初のままの純粋さと美しさをたたえているのが見られるであろう。ここでは、旧式のスカーフ、昔からのベスト〈カバーテク〉（ふたつの先のとがったネックラインが特徴のベスト）、美しい黄色のひだ付き前掛けなども見られるであろう。ヴェルカーでは、婚礼、媒酌、洗礼式などのときにこのような美しさを目にするかもしれない。だがいまでは、新しい種類のスカート、前掛け、スカーフ、さらには上着までもが、民俗衣裳を支配しはじめている。」（クルヴァニャ、一九九頁）

教会へ行くときには、スカーフも特別の結び方をする。

「ストラーニーの衣裳。トルコ風スカーフ。スカーフは単純に、「ハンガリー式に」、つまりあごの下に両端をくぐらせてから、首の後ろでむすぶ。だが教会に行くときには、一方の端は前に、もうひとつの端は後に垂らす結び方をする。あるいは両端とも後部の上方でむすぶ。」（同、一九〇頁）

「ブフロヴィツェ地方の衣裳。トルコ風スカーフ……平日は両端を上部にして後部でむすぶ。女性が教会へ行くときには、両端は下に垂らすのがふつう。」（同、一二四頁）[6]

教会用衣裳の個々の部分に関するいくつかの特別の指示も存在する。

「ここでまず断っておくが、モラヴィア・スロヴァキアでは、「上着なしで」つまりベストだけつけて教会に行く場合の男性のシャツは――それに女性のブラウスも――、洗ったものでは絶対だめで、いつも新しいものでなくてはならない。もし一度身につけたものならば、あざやかな刺繍はほどかれ、新しい服に縫いつけられる。」（同、一一二頁）

ヴェルカー村で一九三一年夏に聞いたところでは、この慣習は今日も保たれている。

祝日の盛装は、ふだん着にも備わっているいくつかの機能ももっており、とくに、ふだん着とおなじように、暑さ寒さなどから身を守る。このように、ふだん着から祝日用衣服への移行がありうる。

「以前は、いたるところで、〈コルドゥラ〉というベストの代わりに〈カバーテク〉というベストを身につけていた。モラヴィア東南部では百年前まだ着ていた。いまでは、それらは主としてヤヴォルニークで日曜日に着たり、ヴェルカーでときに結婚式などに着ている。」（同、二〇〇頁）

ペントレニー

同様に、祝日用衣裳は特別な出来事の日にだけ着る儀礼用衣裳へと移行する。

「多くの場所ではいまもなお、花嫁と付き添いの娘たちはさまざまな衣裳をまとうが、その際いつも〈ペントレニー〉という華やかな頭飾りをつけている。花嫁と付き添いの娘たちは、頭に、とりわけ豪勢な飾りつけ――リボンでつくった花、小さな鏡、華麗な飾りピンなど――をのせている。昔は、ほかでもない成人の女性が――いまウヘルスケー・スロヴェンスコのいくつかの地域で教会へ娘たちが通っているのと同様に――〈花冠をつけて〉教会へ通っていた。」（同、一〇三頁）

ときには、大きな祝日の日に着る衣裳を、結婚式の日に着る。

「ブジェゾヴァーの衣裳。結婚式には、青い紐のついた青いラシャ製マントで、白い毛皮で縁取られたものを着る。……以前は、このようなマントは祝日に「聖体」が身につけていた。」（同、一九四頁）

同様のことは、スカーフのふだんの結び方から儀式のときの結び方への移行に伴っても生じている。

「フラトチョヴィツェの衣裳。既婚の女性は、まだ一八八五年頃には、ヴルチノフにおけると同様のスカーフの結び方をしていた。いまでは女性たちは、媒酌や結婚式のときだけ、そのようにしている。ほかのときには、ブロッコにおけると同様、〈ナテスタ〉（ソーセージのかたちをした、髪を巻きつけるための詰め物）といっしょに、スカーフを身につけている。」（同、一七四頁）

祝日の盛装が儀礼用になるもうひとつの例を引いておこう。

「ホルニャーツコの衣裳。ホルニャーツコでは、婚礼の盛装や洗礼式に着る盛装は、いまではもはやほぼ消えてしまった祝日用衣裳の名残りになっている……

ちなみに、クノヴィツェをも含むモラヴィア東南部の全地域でほぼおなじようなかたちで百年前に身につけていたベスト〈カバーテク〉は、以前は婚礼の盛装であった。いまは、〈カバーテク〉はヤヴォルニークでだけ、あるいはときにはヴェルカーで見られるであろう。」（同、一二〇頁）

興味深いことに、ふだん着の一部分が葬礼の衣裳の機能を果たしはじめている。たとえば、故人に着せる民俗衣裳の一部分とか、埋葬の際に身につけさせる部分などがそうである。

婚礼帽

「ヴェセリーの衣裳。祝日には、婚礼帽にさらにスカーフが加えられる。それらを身につけていたのは年とった女性たちで、自分たちを埋葬するときにもそれらをつけるよう頼んでいた。……娘たちは、まだ一九世紀後半は教会へ行くときにはスカーフをしていたが、のちには葬礼のときだけになった。」（同、一三六頁）

平日や祝日の衣裳が儀礼的なものとなった——婚礼や葬礼のものとなった——一目瞭然の例を、

もうひとつあげよう。

「ポドルジーのブジェツラフあるいはポドルジー全体の衣裳。いまではすでに消えつつある婚礼の盛装は、まだプロシア戦争当時には、祝日の一般的な盛装であった。「プロシア人たちは、この地にいたとき、この服をとても称賛していたが、また実際それほど美しかった」。一九世紀後半には女性たちは毎日――「干草刈りに行くときでさえ」――大きな婚礼帽をかぶっていた。けれども、むろんスカーフなしであった。

いまでは、こうした婚礼の華麗さはランジホトでしか見られず、それもいつもというわけでない。コスチツェの住民はもはやまれにしかこのような盛装をしておらず、ランジホトから全部借りている。要するに、ランジホトの婚礼の盛装は――特別の衣裳が使用されているすべての地域と同様――昔の祝日用の衣裳なのである。したがって、それにたいしては、歴史的記念物にたいしてとおなじように、その美しさや華麗さに関係なく、格別の注意を払って接しなければならない。このような祝いの盛装は、つい最近まで、葬礼でも着用されていた。」(同、一六二頁)

クルヴァニャの見解によれば、これと似たような、通常の髪の編み方から純粋に儀礼的なものへの移行が、葬礼のさいに「ドゥルジチカ」つまり若い女性の参列者が髪を編むときに見られる。

「葬礼では髪は一本に編んで下に垂らす。その髪の下のほうにはリボンがつけられ、頭には「花冠」ないし「小丘」がつくられる。未婚既婚を問わず一般の女性たちはまた別の編み方をし、二本に編んで頭に巻く。おそらく、ここでも昔は、一本のお下げ髪が処女の印だったのであろう。だがいまではそうした髪型が保たれているのは、葬礼の際の若い女性の参列者に見られる、祝日の盛装の一部分としてのみである。」（同、二一七頁）

西スロヴァキアと比較してみよう。年とった女性たちは死ぬまでそれを保っており、ふさわしくない装いで親戚や夫の前にあらわれないようにしている。」（ストラーンスカー「スロヴァキアの衣裳の研究より、Ⅱ西スロヴァキアの女性のかぶりもの」、『チェコスラヴァキア民族誌学報』二二号、三一六頁）[7]

葬礼の際に身につける衣裳や喪服がもっているいくつかの弁別的記号を、もう少しあげておこう。

「ボイコヴィツェの衣裳。コムニャの衣裳。興味深いことに、葬礼のときは白い服だけを着ていた。」（クルヴァニャ、二三六頁）

「ストラーニーの衣裳。ベストは……婚礼と葬礼のときにだけ身につける。それ以外のときは娘や若い婦人はベストなしで、ブラウスだけである。子どもたちはベストをまったく身につけない。」（同、一八九頁）

「ヴルチノフの衣裳。女性の衣服。喪に服している期間は白い前掛けを身につけ、さらに黒い

裏地のスカーフを頭に巻く。」（同、一七七頁）
「喪のときは白いスカートをはく。」（F・バルトシ「モラヴィア・スロヴァキアの生活から」『スロヴァキア。スロヴァキアの地域と民衆に関する論集』、プラハ、一九〇一年、一一〇頁）[8]

儀礼の衣裳からごく自然に生じているのは花嫁の衣裳であり、しかも時間の経過とともに花嫁の衣裳は変化のさまざまな段階を通過していく。

「ストラーニーの衣裳。花冠の前部には、額を横切るように、小さな鏡とビーズ、それにリボンからなる飾り帯〈カーンカ〉があり、リボンは前にも後ろにもついている。……このように花嫁の頭が飾られるのは一回目と二回目の結婚予告のときである。三度目のときと婚礼のときには〈カーンカ〉はもはやなく、白い布でできたショール〈ルチニーク〉だけである。」（クルヴァニャ、一九一頁）[9]

婚礼のあとも、花嫁の衣裳はいくつかの変化の過程をたどる。

「以前は婚礼のあと、花嫁は一四日間、婚礼帽の上に特別のスカーフをしていた。……一四日後にはじめて花嫁は婚礼帽の上にふつうのスカーフをむすびはじめるのであった。」（同、一九一頁）

花婿の婚礼の盛装も、花婿をほかの者たちから区別しているいくつかの記号をもっている。特殊な弁別的記号は花婿の付き添い人の衣裳にもある。

「ハナーツコ・スロヴァーツコ［ハナー・スロヴァキア］南部の衣裳。婚礼の衣服。以前は花婿は、男性の世話人や教父、村役人、金持ちの農民が着ていたようなロングコートを着ていた。だがいまでは、花婿はローズマリーの花束をもち、模様つきの赤いリボンを帽子につけているだけだ。客のそれぞれは、赤か白のリボンがついたローズマリーを受けとる。これは〈婚礼服〉と呼ばれている。」（同、二四九頁）

「ボイコヴィツェの衣裳。花婿と付き添い人の男性は、刺繍した帯をマントの上につけていた。」（同、二三七頁）

4　衣裳の組み合わせ、その多機能性

興味深いことに、花婿の衣裳の弁別的記号は、その衣裳を新兵が着たときにはまったく別の機能をもっている。[10]

「婚礼の衣裳も、かなり前から昔ほど儀式的ではなくなっているにせよ、特筆に値する。婚礼では、ほかのときには身につけないような昔ふうの豪奢な盛装をしていた。男性の場合はそうした盛装はほとんど消え、つばの広い帽子の上の花束〈ヴォニツァ〉だけが、ふつう、花婿と付き添い人たちを標示している。ランジホツカや、ヴェリカーとスタリー・フロゼンコフの近

ガチェ

ヴォニツァ

くにおいてだけ、婚礼の参加者たちは特別な衣服で区別されている。……「新兵・初年兵」の飾りも同様であるが、ただし彼らはさらに麻製のズボン〈ガチェ〉も履いている。」（同、一〇二、一〇三頁）

このように、同一記号――〈ヴォニツァ〉――が二種類の機能を有している。花婿を意味する機能（儀礼的機能）と、新兵を意味する機能（社会的地位・階級を示す機能に近い機能）である。しかし花婿の衣裳にも新兵の衣裳にも、そのほかに個別のもうひとつの記号――〈ヴォニツァ〉が花婿を意味しているのか新兵を意味しているのかを明らかにするための相異なるズボン――が備わっている。

これは、同一記号がどのような記号と組み合わさるかで異なる機能をもつことができる興味深い例であり、こうしたことからすれば、研究者としては、既知の事実との類推で昔の衣裳やその部分の機能を推測するときや、あるいはまたその他の過去の社会的現象の機能を推測するときなどには、くれぐれも慎重を期さねばならない。対象のなんらかの記号が一定の機能を以前にもっていたとか現在ももっているといったことだけを確かめるだけでは不十分であり、他のどのような記号が伴っているかにも注目し、当該記号が他の記号と組み合わさってやや別の機能――ときには反対の機能――を獲得してはいないかどうかも、明らかにしなければならない。

　将来の研究者が、帽子の上の〈ヴォニツァ〉が新兵を意味していることは知っているが、他の細部は知らない、つまり、この記号には他の記号が組み合わさっていること、新兵は麻製のズボン〈ガチェ〉しか履けず、帽子の上の〈ヴォニツァ〉が〈ガチェ〉以外のズボンと組み合わさっている場合は花婿や付き添い人を意味している場合があることは知らない、といったようなケースを仮定してみよう。

　そのとき、このような研究者は、（クルヴァニャが提供している資料の時代の）帽子の上の〈ヴォニツァ〉ならすべて新兵を意味する機能をもっているとみなし、過ちを犯すことになろう。花婿や付き添い人の〈ヴォニツァ〉をも、新兵を意味しているものととるにちがいない。

　以上はほんの一例である。衣裳だけでなく[11]その他の民族誌学的事象に関しても、同一記号が、他のどのような記号と組み合わさるかどうかで、異なる機能をもちうるような例は、数多くあげられよう。

5　ふだん着から祝日の衣裳への移行、祝日の衣裳から儀式の衣裳へ移行、儀式の衣裳から儀礼の衣裳への移行、およびそうした移行の際の機能の変化

ふだん着から祝日の衣裳へ、さらには一般の祝日の衣裳から、大きな祝日のときにのみ身につける儀式の衣裳へ、さらにはまた花婿花嫁の衣裳などのような儀礼の衣裳へといった移行を研究することによって、わたしたちは、このような移行に際して機能のいくつかがしだいに弱まっていくさまや、元のこれらの機能が弱まるにつれ、他の機能の力が強まっていくさま、そして最後にはまったく新しい機能が生じてくるさまを、明らかにすることができる。

移行はつぎのような順番で起こることが多い。

ふだん着
祝日の衣裳
儀式の衣裳
儀礼の衣裳

ふだん着は、つぎのような機能をもっている（機能の強い順に列挙）。①実用的機能（衣裳は寒さ暑さから身を守ったり、労働条件に適っていたりしなければならない）、②社会的地位・階級を示す機能、③美的機能、④地域を示す機能。

祝日や儀式の衣裳では、機能はつぎのような順序で組み合わさるであろう。①祝日・儀式的機能、②美的機能、③儀礼的機能、④民族・地域を示す機能、⑤社会的地位・階級を示す機能、⑥実用的機能。

儀礼の衣裳の場合は以下のようになろう。①儀礼的機能、②祝日的機能、③美的機能、④民族・地域を示す機能、⑤社会的地位・階級を示す機能（ふつうは役割は微々たるものである）、⑥実用的機能（衣裳の個々の部分がいかなる実用的な機能もまったく果たしていないこともある）。

異国のものを集めた民族誌学の博物館を訪れると目にはいるように、軍人や猟師の武器は多面的な機能をもっている。なかでも、武器の外見からして一目瞭然なのは、装飾をほどこそうとする傾向であり、しかも、こうした傾向が優位を占めはじめていたり、またしたがって、武器のなかには戦《いくさ》にも狩りにも不都合なものになりかけているものもある。こうした場合、ヨーロッパの軍隊の将校が身につけるパレード服の場合と同様、美的機能が軍事・実用的機能――

つまり戦や狩りにとっての便利さ――を目立たなくしてしまっている。ときおり、美的機能だけでなく他の機能も、武器の支配的機能になっている。たとえば文官の役人のサーベルがそうであり、それはこの役人をほかの市民から区別する「名誉の」記号となっている。このようなサーベルや剣では、まず人は斬れない。

むろん、ふだん着、祝日の衣裳、儀式の衣裳、儀礼の衣裳における機能の強さの順番は、大まかなものでしかない。場所しだいで例外がいろいろありうる。場合によっては、祝日の衣裳において、地域を示す機能のほうが美的機能よりも強いこともあるものの、基本的には、前記のような順番が妥当であると思われる。

以上のことからつぎのようなことがいえよう。

ふだん着から祝日の衣裳へ、祝日の衣裳から儀礼の衣裳へといった移行の際には、ある機能が弱まると同時に、別の機能が力を増したり、新たな機能があらわれたりする。場合によっては、機能が変わっても、その衣裳を身につけなければならないことに変わりはない（エネルギー保存の法則を参照）。たとえば、ふだん着（あるいはその一部）が祝日の衣裳になる、あるいは祝日の衣裳から儀礼の衣裳に変わったとしても、それらの衣裳を前とおなじように身につけていなければならないようなケースがある。しかし、これはきわめて特殊なケースである。

ふだん着やその一部が祝日の衣裳に移行する場合、あるいはまた祝日の衣裳やその一部が儀礼の衣裳へと移行する場合や、それらの機能が相互に交替する場合は、衣裳を着なければならない程度は増すか減るかのいずれかである。

たとえば、ふだん着全体（あるいはその一部）が少女にとって義務的なものではないのにたいして、それが祝日の衣裳になると、その地方の少女全員にとって義務的なものとなることがある。まったくおなじように、祝日の衣裳の諸部分を身につけることが、すべての少女にとって完全に義務的なものでは一時期までなかったのにたいして、その一部が花嫁の儀礼の衣裳の一部になると、それは各花嫁のもはや義務的な一部となるであろう。また別の場合には、逆に、ふだん着のうちの以前は義務的であった部分が、祝日の衣裳の一部になると、もはや義務的なものではなく、しだいに消滅していく。あるいはまた、全員にとって以前は義務的であった祝日の衣裳が、儀礼の衣裳の一部になると、儀礼にとって義務的ではなくなり、やはりしだいに消えていく。

6　共同社会における職業服（粉屋、羊飼い、その他）

さきの箇所では、祝日の衣裳が一生に一度だけ着る儀礼の服（たとえば花婿や花嫁の衣裳）に移行するケースを見た。しかし、祝日の衣裳は別なかたちで変化することもある。ときにはそれは、儀礼の幾人かの個々の参加者の衣裳となるが、こうした場合はもはや何度も――毎年、あるいは年に何度か――身につけることになる。祝日の衣裳が人びとのあいだで着られなくなり、婚礼の中心的な参加者だけの衣裳となることがあることはすでに述べたが、ときには祝日の衣裳は婚礼以外の儀礼の中心的な参加者の衣裳にもなる。

「ホルニャーツコの衣裳。以前は、おなじ裁ち方の「明るい」（淡青色の）ショートコート〈カバート〉を着ていたが、いまでは婚礼の盛装のなかにのみ保たれており、婚礼においてももっとも古い種類の衣服となっている。このような衣服を、キリスト聖体節に、天蓋と飾り付き燭台を運ぶ〈奉仕者たち〉が着ることもある。」（クルヴァニャ、一九八頁）

「……ストラーニーやブジェゾヴァー、およびフロゼンコフあたりまでにおいては、黒いラシャ製の儀礼用マントで、下方には（青い紐のついた）「白い羊」毛皮がついている。……婚礼の花婿、葬礼で棺をかつぐ者、教会の祭りの際の関係者などが、いまもこうした衣裳を身につけている。」（フーセク『モラヴィア・シレジアとスロヴァキアの境界地帯。民族誌学的研究』、一九三二年、一三一頁）

ここまでのところでは、祝日や儀礼の際に、ある村の全住民だけでなくこれらの儀礼で特別な役割を演じる個々の人物（婚礼における花婿、花嫁、付き添い人等々、キリスト聖体節等にまつわる行進の関係者）も身につけている、衣裳を検討してきた。今度は、村において特別な衣裳を一定の職業の人たち（粉屋、羊飼い、その他）だけがすべての祝日に、またときには平日にも身にまとっているケースを見ることにしよう。たとえば、地域によっては、粉屋が村のほかの住民とくらべて特別な服を着ていることがある。

「ホルニャーツコの衣裳。ズボンは、黒い色で、ぴちっとしており、青い紐がついている。粉屋は、濃い青の紐がついた淡青色のズボンないし「明るい」ズボンをいまも履いているが、**これは以前はもっとも普及していたものであった**（強調はボガトゥイリョフ）。」（クルヴァニャ、一九七頁）

「ニヴニツェの衣裳。冬には、まだ最近までホルニー・ニェムチーやコリトナーでは、黒い紐のついた、粗い白のラシャのズボンを履いていたが、これに近いものは昔、たぶんスロヴァキアやヴァラキアの全地域で履いていた。以前は粉屋の家族だけが、ホルニャーツコで慣例になっていたのとおなじように、黒ないし青の紐のついた、「明るい」つまり淡青色のズボンとベストを身につけていた。」（同、一八〇―一八一頁）

「ストラーニーの衣裳。ズボンは、いまではほとんどいつも、黒のストラージニツェ産ラシャでできており、一センチ五ミリ幅の青い梳毛糸の飾り紐で前方を飾っている。粉屋やほかの何人かの年とった男性だけがいまも淡青色のラシャ製ズボンを履いているが、かつては、ほど近いハンガリーとおなじように**至るところで履いていた**。（強調はボガトゥイリョフ）」（同、一八八頁）

ハレナ

「一八九〇年代にはハナーの影響のせいで、粉屋や職人兼農民のなかには一種のマントをはおる者もいた。これは以前の都会風〈日おおい〉に似ていたが、ひだ付き布地でできており、〈シロペツ〉と呼ばれる襟がついていた。このマントは幅一メートル、長さ二メートルを越えることもあった。」（ヴァーツラヴィーク『ルハチョヴィツェの未開拓地……』、一七九頁）

「ブジェゾヴァーの衣裳。〈ハレナ〉というオーバーは、ストラーニーの場合とおなじようなものだが、折り襟はもっと幅があり、上部は黒で、下部は赤である。粉屋の折り襟は上部が赤で、下部は青である。」（クルヴァニャ、一九二頁）

ちなみに、粉屋の衣裳の目印（ズボン）は、すでに述べたように、以前はもっと広く普及しており、たとえば粉屋の淡青色のズボンは、粉屋の衣裳にのみ固有のものではなかった。ストラーニーでは、このようなズボンは粉屋のほかに年とった男性もときおり履いている。しかし粉屋は村で特別な位置を占めており、そのせいで村の衣裳の発達の一般的傾向に従っていないもっと古風な衣裳を身につけられるのだが、他方では、その地位ゆえに、いくつかの地域では、

(ヴァーツラヴィークの説明によれば、職人兼農民とともに)もっと現代的な衣裳のパーツも身につけることが許されている(以前の都会風「日おおい」に似た濃い紺色の〈マント〉)。この場合も、これはこれで、伝統的な衣裳を守り新しい都会風衣裳を無視しようとする村の集団的傾向からはずれていることに変わりない。[12]

羊飼いの履物はきわめて古風であり、羊飼いはそれをいまも履いている(より正確にいうならば、クルヴァニャが著書をしたためていたときまでは履いていた)。群れを追って山々を歩くのにそれが便利だからである。

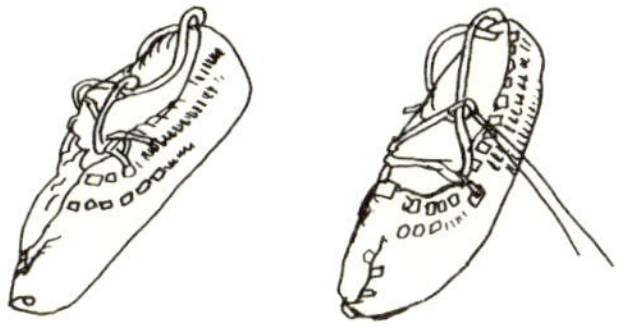

クルプツェ

「ホルニャーツコの衣裳。ふつう、羊飼いや、ほかのルホトカの住民は、長い〈ナーヴラキ〉――革紐や撚り紐――で足にむすびつけた皮の〈クルプツェ〉(浅い靴の一種)を履いている。〈ナーヴラキ〉はくるぶしのかなり上で足をしっかりと縛っており、歩みを軽やかでしなやかにしている。」(同、一九六頁)

総じて、より古風な「旧套墨守の」衣裳が保たれている理由を調べる際には、こうした古めかしい衣裳へのこだわりはその土地の条件にこの衣裳のほうが適っているせいではなかろうか、このような衣裳はその土地の労働条件が要求しているのではないか、といった問いを立ててみる必要がある。

ときには、衣裳の個々のパーツが、村民全体ではなく村議会員たちだけを示す機能をもっていることもある。

「たとえばブジェゾヴァーでは、以前は村長だけがブーツを履き、ほかの者たちはみんな〈クルプツェ〉を履いていた。」（同、一九二頁）

以上の例からとりわけ明らかなように、同一衣裳がいくつかの機能をもっており、しかも集団のある成員においてはある機能を果たし、また別の成員においては別の機能を果たしている。たとえば、衣裳が村のある職業を示す機能をもっている場合に、その衣裳が同時に年齢をも示していることがある（ストラーニーの衣裳では、淡青色のラシャのズボンを履くのは粉屋だけであるが、ときには老人も履いている）。

7　村民の財産や社会的地位・階級の違いを示す機能

モラヴィア・スロヴァキアでは衣裳は、①財産の差異の記号（豊かな農民と貧しい農民）と、

②社会的地位・階級を示す記号（小地主貴族と農民）をもっている。[13]これら双方の記号は一体化することも多い。すなわち、小地主貴族はつねに財産がある。財産の差異にもとづいたグループ分けが恒常的ではないのにたいして（豊かになった農民や貧しくなった農民は、ある社会的グループから別の社会的グループへと移り、服装を変える）、小地主貴族と農民への区分けは伝統に立脚しており、恒常的である。

　金持ちを貧乏人から区別している衣裳の記号に関するデータを、まず引いておこう。

「……〈ヴィドロヴェク〉（かわうそ《ヴィドラ》の毛皮でつくった帽子）は一八七〇年代にはそれほど被らなくなった。その後は、耳覆いのついた黒い〈バラニツェ〉を被っていた。より豊かな者たちは、子羊皮のさまざまな帽子〈ハストリガーンキ（アムステロダムキ）〉を被っていた。」（ヴァーツラヴィーク『ルハチョヴィツェの未開拓地……』、一七七頁）

「ボイコヴィツェの衣裳。コムニャの衣裳。男性用衣裳。〈コジフ〉（羊皮コート）は、腰までボタンをかけるもので、背中の裾が割れている。前部には赤い縁飾りがあり、両脇には皮製の赤いハート型が縫いつけられている。このような〈コジフ〉はもっとも贅沢な盛装として一八二〇年代頃に身につけるようになり、当初は財産のある荷馬車屋だけが着ていた。ほかの者たちは〈ハレナ〉というオーバーを羽織っており、祝日には〈メントリーキ〉というマントを羽織っていた。」（クルヴァニャ、一二三五頁）

「ハナーツコ・スロヴァーツコ南部の衣裳。男性用衣裳。金持ちは、黒いラシャで縁取った〈コジフ〉で、羊皮の襟のついたのを身につけているが、もっと北の土地ではほぼすべてが羊皮製である。」(同、二四六頁)

違いは、金持ちの娘の衣裳と貧しい娘の衣裳とのあいだにも見られる。

「ハナーツコ・スロヴァーツコ南部の衣裳。いちばん普及しているスカートは、以前は〈バヴルンカ〉だった。……娘が結婚適齢期になると、そのときはじめて〈バヴルンカ〉を身につけていた。これは白いスカートで、赤い幅広の縞がついていた。娘が年をとるにつれて、赤い縞の幅が広がっていった。いちばん高価なのは、両側に、もちろん上から下まで、赤と緑の縞のついた〈バヴルンカ〉であった。いうまでもなく、これは「高潔な」娘用の〈バヴルンカ〉であった。スカートは、娘が歩くときに赤い縞だけが見えるように縫われており、完全に広げないと白は見えなかった。一八九〇年頃には、このような〈バヴルンカ〉はホドニーン近くのラチーシコヴィツェやドゥブニャニでも履いており、生地の良質さと色彩のせいで長いこと高価なままにあった。それほど裕福でない花嫁や、結婚式やホディ祭の世話人をつとめるやや貧しい娘は、〈バヴルンカ〉のほかには婚礼や祭礼のためのスカートをもっていなかった。金持ちは〈スケニツェ〉をもっていた。」(同、二四七頁)

スラヴィチーンでは一九世紀初頭には豊かな花嫁たちは、ポドゥナイ地方とおなじように、緑のラシャのスカートを履いており（馬医の娘たちは青のスカート）、赤い梳毛糸で縁取られ、裾に二本の青い縞があった。」（ヴァーツラヴィーク『ルハチョヴィツェの未開拓地……』、一七二頁）[14]

ときとして、衣裳は社会的地位・階級を示す記号の機能と儀礼の衣裳の機能を合わせもっている。それを、婚礼の日の花婿も、儀礼の重要な参加者たちも、金持ちの農民も、身につける。

「世話係、花婿、教父、キリスト聖体節の行進に参加する「奉仕人」、金持ちの農民、は――彼らはかなりの数にのぼるのが常であった――、この日や他の大きな祝日に、〈カバート〉という長いコートを着ていた。」（クルヴァニャ、二四六頁）[15]

金持ちの農民と貧乏な農民とのあいだの差異よりも画然としているのは、農民と職人のあいだにおける衣裳の社会的地位・階級の差異である。

農民と職人におけるかぶりものの社会的地位・階級の差異の興味深い例が、J・フーセクによって引かれている。

「〈ルチニーク〉と呼ばれるショールで包んだ小さな帽子を、青い衣裳と合わせてまだ身につけている。以前の大きな婚礼帽（つばが前方に突きでている）はもう消えている。やや別の婚礼帽は職人の妻が被っていた。だがいまでは、農民の女性もかなり高さのある櫛を髪につけている。ただし、色は職人の妻のものとはちがっている。」（フーセク、二二四頁）

この例から明らかなように、村のかぶりものが都会のものに取って替わられた（婚礼帽が櫛をつけた髪に替わった）あとも、農民の女性と職人の妻とのあいだの差異は依然として保たれており、櫛の色にも保たれている。これは、衣裳で社会的地位・階級を区別しようとする傾向が、衣裳どうしが似かよってくるときにも、つまり村の地域的な衣裳が都会の国際的な衣裳に移るときにも保たれる、端的な例のひとつである。違いを明らかにしようとするさまざまな社会的地位・階級の志向そのものは変わらないが、その充たされ方は時代によってさまざまである。このケースでは、婚礼帽や都会風の櫛が登場している。

西スロヴァキアにも、モラヴィア・スロヴァキアですでに明らかにされているような、小地主貴族と農民を区別する記号が存在する。

「……ヴルボフツェの衣裳はヴェリツカーの衣裳に影響を及ぼした（たとえばヴルボフツェの小地主貴族の青いズボンを参照）。……このズボンによって彼らは、黒い（以前は白であった）粗雑なズボンだけを履いていた農民から、自分たちを区別しようとしていた。総じて、小地主貴族の衣裳は、ヴルボフツェその他の土地におけるほかの者たちの衣裳と、色でも材質でもちがっていた。」（同、一三〇頁）

農民と小地主貴族とのおなじような階層的区別は、西スロヴァキアの女性のかぶりものにもあらわれている。

「小地主貴族の妻は、農民の女性が頭につける小さな詰め物をけっしてつけなかった。」（スト

ラーンスカー、三二五―三二六頁)

8 呪術的機能

民俗衣裳の呪術的機能の検討に移ろう。民族誌学においては、衣裳のパーツが儀礼や呪術的行為、民間医学等々において重要な役割を果たしうることがよく知られている。これと似たような役割を民俗衣裳で果たしているのは、婚礼帽である。

「女性が婚礼のときに被る帽子は、安産と幸福を保証するはずのものであった。それを被らない女性は雹やその他の災禍をもたらしかねなかった。たとえばオジェホフでは、婚礼帽を被っていなかった七〇歳の女性が激しく非難され、ほかの女性たちが彼女に無理やり婚礼帽を被らせていたことがよくあった。」(ヴァーツラヴィーク『ルハチョヴィツェの未開拓地……』、一六四頁)

興味深い呪術的行為がスリップにたいしておこなわれていた。「それは女性の衣裳のとても内密の部分であったために、夫たちのなかにはそれを生涯見たこともない者もいた。女性たちはそれを慎重に隠しており、洗濯のあと誰にもそれが見られることのないようにしていた。村の慣習が、おもに兵士たちの影響で、ある程度弱まってはじめて、このように恥ずかしがってスリップを隠すのをやめるようになった……

おそらく、それがとても念入りに隠されていたためであろうが、それには男性や家畜の病気などに効く治癒力が付与されていた。たとえば、あるとき、ひとりの農民が牛車に乗っていっていたとき、一頭の牛が突然倒れてしまった。近くを歩いていた女性が茂みのなかに駆けだし、自分のスリップを脱いで、それで牛の背中を、角のほうから尻尾のほうへ、また逆へとこすったところ、牛は立ちあがったと、という。ヴァシチャークの婆さんは、新しい家畜が家畜小屋にやってくるといつも、スリップだけをまとってその家畜のまわりを歩き、そのあと、このスリップを牛たちの角にかけ、「突きあったりせず、無事に暮らす」（つまり、健康である）ようにしていた。」（同、一五〇頁）

肌着の呪術的な力の発生については、いくつかの見解がある。もっとも確かと思われるのは、からだにぴったりついた肌着は――フレイザーの法則（接触と伝播の法則）によれば――裸身に秘められた呪術力の導線であるという見解である。[16]

家畜小屋にやってきたばかりの家畜のまわりを、スリップだけ身につけて歩くこと――「ヴァシチャークの婆さん」が守っていた慣習――に関していえば、この場合、スリップだけ着ての儀礼の遂行は、裸でのおなじ儀礼の遂行の代替物となっている（裸体のメトニミー）。たとえば、ある地方では肌着だけの女性が参加し、またある地方では全裸の女性が参加していた、東スラヴ人の「畑に鋤を入れる」儀礼を参照。[17] 婚礼の日に被る帽子の呪術的機能に関する前記のような例に戻るならば、婚礼帽の機能の恒常性と効力は、この場合、衣裳のいくつかの要素がもつ呪術的な力への伝統的な民衆信仰によってある程度説明がつき、また、婚礼全体が教会によって神聖化されていることによってもある程度説明がつく。

呪術的機能は、子どもの衣服の刺繍ももっている。

「ボフスラヴィツェの衣裳。子どもの下着は……子どもが誰からも「病気にされ」ないように、もっぱら赤であって、さまざまな模様で飾られていた。」（クルヴァニャ、二二八頁）

赤い色は、病気に抗するもっとも普及している手段のひとつである。

9　地域や民族を示す機能

モラヴィア・スロヴァキアでは、衣裳がどの土地に所属しているかを明らかにする相違点も容易に見つかる。この場合、大きな規模での地域全体の衣裳が、他の地域の衣裳と著しく異なっているときのような地域的相違とならんで、隣接しあうふたつの村の衣裳間の著しい相違も見られる。

「モラヴィア・スロヴァキア全体は、衣裳に関して、事情を知らぬ者ですら十分に明白に違いが見てとれるような二八の地域に分けられる。さらに、どの種類の衣服においても、個々の村はさまざまな細部によって区別可能であり、とくに女性の衣服はそうである。こうした相違は「原住民」にとってのみ知られているのがふつうであり、相違が重要なのも彼らにとってでしかない。たとえば、スカーフのひだの数や、ベストのボタンの数などを参照。」（同、一〇六頁）

もうひとりの研究者ヴァーツラヴィークのデータにも、つぎのようにある。

「（帽子の）上部全体が飾りで覆われており、飾りの配置と色がさまざまな村をあらわしていた。飾りは、花を飾った、黒色、鮮紅色、緑色などの一センチ幅の〈アクサミートカ〉（ビロードの組み紐）や、長さ一センチから二センチまでの幅広の緑色、薄赤色、鮮紅色などのリボンからなっている。たとえばポズロヴィツェでは、二本の幅広い組み紐を上下に巻き、さらに、二本の緑色のリボンのあいだに鮮紅色のリボンをつけていた。ビスクピツェでは、〈アクサミートカ〉と赤いリボンをつけていた。」（ヴァーツラヴィーク『ルハチョヴィツェの未開拓地……』、一七六頁）

地方の衣裳を歴史的観点から研究してみると、ある衣裳を別の衣裳から区別するにあたって、どの教区に属しているかが大きな役割を演じていたことがわかる。

「かなり容易に確かめられるように、これらの地域は一七世紀、一八世紀の教区に対応している。日常の、すでに述べたように、とても平凡なふだん着では、服、とくに男性服における相違点は目につかない。しかし、日曜日などには、相違点や特性は至るところで顕著に認められる。ひとつの教会に集まった者たちの衣服がさまざまであれば、熱しやすい連中があざけ笑い、そのために怒りを買ってしまいかねないため、以前は教区ごとにおなじ衣裳をまとっていたのも、驚くにあたらない。またそれだけでなく、どの教区も民間のひとつの権力層とむすびついていた。こうした権力層は――少なくともモラヴィア・スロヴァキア東部では――自分のところで働く男を、たとえば外套の折り襟で見分けようとしており、その色が地域に対応していた（そのように、ニヴニツェの衣裳の一部を形成している外套を見分けられたし、ボルシツェ、フロゼンコフ、ヴェルカー、ルホタ、ブジェゾヴァーその他の衣裳も区別できる）。」（クルヴァニャ、一〇六頁）

地域を示す機能は、ときには民族を示す機能と混ざり合っている。こうしたことがよく見られるのは、衣裳を身につけている者が自分の衣服を民族的なものとみなしている、つまり衣裳をある民族を別の民族から区別する記号のひとつとみなしている場合である。[18] スロヴァキアの民族解放が伝統的な衣裳の普及を呼び起こしたのか、あるいはその逆に民俗衣裳の消滅をもたらしたかのかという問題は、大いに議論の余地がある。[19] 私としては、後者の見方に近い。

10　衣裳の消滅の分析に適用した機能的方法

民族誌学上の事象をそれらがもつ機能の観点から研究することによって、未解決の多くの問題を解明する手がかりが得られる。このような未解決の問題のひとつに、ロシアの農民の伝統的な衣裳がモラヴィア・スロヴァキアの農民の場合よりもはるかに速やかに消滅したということがある。モラヴィア・スロヴァキアの農民がロシアの農民とくらべて都会との結びつきが強いことに注目するならば、衣裳面でのモラヴィア・スロヴァキアの農民の保守性はいっそうわかりにくいものになろう。衣裳をまさにそれが有する機能の観点から分析することによって、なぜモラヴィア・スロヴァキアの農民のほうが伝統的な衣裳を長く保っていたかも説明可能になるであろう。

衣裳の主要な機能のうちのふたつ——社会的地位・階級を示す機能と、民族を示す機能——は、支配している社会的地位・階級の者たちが別の民族に属しているときには一体化する（一体化は、支配している社会的地位・階級のなかのある部分ないし大部分が、支配している民族の影響下に脱民族化した者たちであって、元は抑圧されている社会的地位・階級の成員とおなじ民族に属していたような場合すら、起こる）。だからこそ、抑圧されている民族と抑圧している民族の相違がすこぶる顕著な地域では、抑圧されている民族がその伝統的な衣裳を民族の記号のひとつとしてだいじにしていることがよくある。衣裳のなかに、モラヴィア・スロヴァキアの農民と大地主たちとの闘いがとりわけ鮮明にあらわれていた。

「ブジェツラフとホドニーンの衣裳。南キヨフのミロチツェやドゥブニャニの衣裳。女性用衣裳。ここでは脚がすっぽり覆われるくらいの深いブーツをはいており、それには襞があり、かかとの下部は刺繍され、上部は黄色の釘で飾られている。ミロチツェのザイレルン伯爵は、娘たちに浅い靴と靴下を履かせようとしたが、「浅い靴」と踊りたくなかった青年たちの抵抗にぶつかって、失敗に帰した。だがいまではミロチツェでも、都会に落ち着いた「流行好きの女性たちは、黒の靴下と、流行の留め金のついた「パリ風の」浅い靴を、もはや履きはじめている。」(クルヴァニャ、一五一頁)

もうひとつの例もあげておこう。

「ポドルジーのブジェツラフあるいはポドルジー全体の衣裳。ミクルチツェでは、流行の茶色の〈ドゥベニャーク〉(長いなめし皮のコート)を身につけていた者には、村長になる権利はないといわれていた。」(同、一五九頁)

伝統的衣裳を軽視すれば、このように、つまはじきされるおそれがあった。

農民が自分たちの衣裳を守るのは、都会の衣服にくらべて地元生産のほうが安くつくということでいつも説明がつくわけではない。たとえば、スロヴェンスキー・グロブやホルヴァツキー・グロブ、ヴァイノリその他のような、ブラチスラヴァ周辺の村では、衣裳は高価である。地域が豊かになってきていることは、より都会的になった点ではなく、衣裳が豊かになった点にあらわれている。[20] 貧しい村のほうが、豊かな村よりもむしろ都会の衣服へと移行していることがよくある。とくに、貧しい村で、家庭用平織り布地を加工するよりも割りのいい仕事が見つけられるような場合はそうである。多くの場所では、衣裳用のすべてが家でつくられているわけではけっしてない。多くのもの、ときにはすべてが、都会で購入される。モラヴィア・スロヴァキアやロシアの衣裳に関しても事情はおなじである。一八世紀のロシアの村の衣服は、家庭用平織り布地からだけでなく、かなり高価で購入した平織り布地（絹や錦）からもつくられていた。一九一六年にアルハンゲリスク県シェンクルスク郡に調査旅行にいったとき、わたしは「エリザヴェータ女帝時代の」絹でできた「婦人用の厚手の袖なし上着」、帽子、錦でできた「婦人用の厚手の袖なし上着」、それぞれを何点か農民から買うことができた。

一八世紀には、ロシアの北方の村の多くはとてもうるおっていたが、金持ちの農民ですら農民服を着るのをやめなかった。

J・グロートはその著『デルジャーヴィンの生涯』のなかで、つぎのような興味深い情報を引いている。

「こうした（豊かな）農民が、主として大地主の領地でどのように暮らしていたかは、デルジャーヴィンの言葉から明らかである。オロネツの総督トゥトルミンは一七八五年の県の『室内の観察記録』において、こう書いていた。

『一般にすべての郡では貧しい住民よりも豊かな住民のほうがはるかに多い』。これにたいして、当時オロネツ県知事だったデルジャーヴィンはつぎのように書いている。

『反対に、貧しい者のほうが多いといえよう。とはいえ、ラップランドの村落ですら、わたしが国内でほとんど見たことのないような豊かな農民がいることも確かである。たとえばオランダ製暖炉がある清潔なつくりの部屋をいくつかもっており、来客用にお茶やコーヒー、フランス・ワインを備えている者もいる。彼らの妻も清潔な身なりをしている。たとえばポヴェネツ郡やシュンガの村落では、夫人は私をもてなしてくれ、みずからマホガニーの大きな盆で私と同行者たちのために、おいしく淹れた何杯かのコーヒーを運んできた。長袖で裏は毛皮または綿入れを着ていたが、絹の靴下と白い金・銀模様の錦のショートブーツを履いていた……』」

（グロート『デルジャーヴィンの生涯』、第一巻、サンクト・ペテルブルグ、一八八〇年、三九五頁）

チュルコーフの雑誌『あれこれ』（一七六九年第四週）には、「……オロネツの農夫のように裕福である」との表現がある。

一九世紀になると状況は悪化するが、むろんそれは一気にではない。

豊かな地主の家にあるマホガニーの家具や「外国の飲み物」については、アカデミー会員のオゼレツコフスキイもその著『セリゲル湖旅行』のなかで書いている。[21]

留意すべきことに、農民は、都市住民よりも高いこともある自分の社会的地位・階級を示さんがために、社会的地位・階級を示す衣裳にもなっている民俗衣裳をまとっていることがある。

似たようなケースはロシアの商人にも見られた。ときには百万長者もいた豊かな商人たちは「なかば農夫的な」衣裳を身につけており、そうすることによって彼らは、社会的地位・階級をあらわしている自分たちの衣裳を当人たちが優越感をもって身につけていること、自分たちにくらべて貧しいことの多い役人や貴族と同一視されたくないことを、示そうとしていた。

つぎに、ロシアの農民とモラヴィア・スロヴァキアの農民の村の衣裳の機能を比較してみよう。

一九世紀にくらべて一八世紀にはロシアの村が都会からより独立していたのには、一八世紀のロシアの村の経済状態もあずかっていた。一八世紀には村は一九世紀よりも豊かであった。他方、一八世紀の都会は、文化面でも経済面でも、さらにはまた住民の数でも、さほど発達しておらず、豊かな村と衝突しても村を征服し同化することはできなかった。豊かな農民は、すでに見たように、都会で絹や錦、コーヒー、フランスの酒などを買っていたが、もっている力は大きく、どの点においても都会に譲ることはなかったため、自分たちの慣習や一六世紀からの要素を保っていた衣裳を守ることができた。

ふたつの異なる民族がもっている、あるいは同一民族のふたつの異なる社会層がもっているふたつの文化的事象が出会うときには、攻撃側の力だけでなく、防御側の力も考慮に入れなければならない。[22]

そのほか、村の文化と、地主や都会の文化との乖離が大きく、ふたつの異なる民族文化であるかのように互いに激しく反発していた一八世紀には、ロシアの村の衣裳の社会的地位・階級を示す機能と民族を示す機能はきわめて緊密にむすばれていた。一九世紀には、都会と村の「民族的」違いは一八世紀ほど強くあらわれていないが、もしかすると、それは、都会では、貴族や役人よりも文化的に農民に近いプチ・ブルジョア階級と労働者が、農民に合流したせいかもしれない。衣裳の「民族を示す」機能は弱まり、その結果、村の衣裳と都会の衣裳が合流する大きな可能性があらわれた。ロシアの農民にとっては、村の衣裳がもっていた、民族文化を示す機能は、村と都会の外面上の違いが一九世紀に一八世紀よりも小さくなったときに、意味をもたなくなった。

だからといって、農民と都市住民との社会的地位・階級にまつわる闘争や、都会と村との相互不和が一九世紀にすっかり弱まったわけではけっしてない。社会的地位・階級の相違が衣裳とは別の表現形式を見いだしたにすぎない。ただ衣裳では、相違よりもむしろ接近が見られる。

今度はモラヴィア・スロヴァキアの衣裳に移ろう。モラヴィア・スロヴァキアでは一八世紀と一九世紀の衣裳は民族を示す機能をもっていたが、ただし一八世紀は一九世紀よりもおそらく弱かった。衣裳は、モラヴィア・スロヴァキアの農民がみずからを都会に対置したり、ドイツの影響を受けていた地主に対置するための記号のひとつであった。衣裳の保守性、しかもまだ一九世紀にも民族復興のため闘っていた村や都会の知識人から奨励され支持されていた保守性は、これに由来する。このため、衣裳においては農民は都市の影響（あるいはドイツの影響を受けていた都市住民）に屈することはなく、自分たちの衣裳を社会的地位・階級面、民族面での所属を示す記号として保っていた。[23]

もっとも、民族自立のための闘争がもはやない今日では、衣裳は、民族を示す機能を失い、その結果、民族を示す機能が主要な機能であった記号も――それら記号が他の機能に仕えはじめていない場合は――消えつつある。現在の衣裳を身につけるのは、社会的地位・階級を示す機能のためである。民族的かつ農民的な衣裳でもって農民は、自分たちが属している社会的地位・階級の独自性を強調している。

民族を示す役割よりもはるかに大きな役割を演じているのは、現代の衣裳の場合、地域を示す機能である。

相異なる社会的地位・階級が闘いあっている時期には、たがいを忌避する一方で相互の接近、借用も起こっていることも、見逃せない。こうした現象は、たたかいあう民族がたがいに和解しがたい状況ですら相互借用を許すような場合と似ている。ある社会的地位・階級による別の社会的地位・階級からの借用や、農民による都市住民からの借用に関して言うならば、村の住民と都市住民の関係が極度に緊張していた時期――村の住民が伝統的な衣裳を都会の衣服と区別して意識的に保とうとしていた時期——にも、個々の農民がみずからの衣裳を大胆にも棄て、そのために伝統がもつ力が損なわれ、その結果、他の農民も衣裳面で集団の検閲に強く縛られているとはもはや感じなくなったようなことが生じた。個々の農民がみずからの衣裳をすすんで変え、都会の衣裳に近づけはじめると、ほかの者全員、あるいはほぼ全員もディテールでは都会の衣服からの借用を認めるようになる。借用されたディテールはのちに広がっていき、衣裳はますます都会の衣服に近づいていく。

11　信仰する宗教を示す機能

地域を示す衣裳の機能に密着しているのは、それを身につけている者が信仰する宗教を示す機能である。すでに見たように、衣裳における地域上の相違の深まり、あるいはおそらくは発生をも助長した理由のひとつに、村の住民が別々の教区に属していたということがあった。彼らの衣裳の相違にさらに大きく影響したのは、カトリックかプロテスタントかという違いである。相異なる宗派への所属は村の社会生活において紛れもなく大きな役割を演じている。東スロヴァキアではスロヴァキア人とカルパチア・ロシア［あるいは「ポトカルパッカー・ルス」。現在はウクライナのザカルパチエ］人とのあいだ、またカトリックとプロテスタントとのあいだの結婚がどれほどの割合かを調べてみてわかったことに、ローマ・カトリック教を信仰する東スロヴァキア人はギリシア・カトリック教を信仰する女性のなかから妻を選んでいることが多く、カルパチア・ロシア人はスロヴァキア人女性のなかから妻を選んでいる（以前はこのような結婚はまれであった）。こうした場合、異なる民族への所属は、農民たちにいわせれば、結婚の障害になっていない。他方、カトリックとプロテスタントのあいだの結婚は見られない。カトリックとプロテスタントの交際がなければ、やがて、これら両グループをまったく相異なるものにしてしまうにちがいない。以前からの社会生活の事実も、発生しつつある新たな事実も、カトリックの環境とプロテスタントの環境において、それぞれ独自のかたちであらわれ変化していくにちがいない。また逆に、カルパチア・ロシア人とスロヴァキア人とのあいだの結婚は、これらふたつの民族が民族誌学から見て接近することを促すであろう。明らかに、強い分岐がカトリックとプロテスタントの社会生活、政治生活のさまざまな事象にもあらわれている（たとえば、政党にたいするカトリックとプロテスタントの共感の違いにも、顕著にあらわれている）。

フーセクは、カトリックとプロテスタントの衣裳の相違についてつぎのように書いている。

「宗派は衣裳に影響をあたえている。カトリックの村や地域では、衣裳は福音派の地域よりも色どりあざやかでぜいたくな方向に変わってきた。たとえば、本書でとりあげている場所――ヤヴォルニーク、ミヤヴァ、ヴルボフツェ（「総じて、ミヤヴァ・セニツァ地区や、プロテスタンティズムが普及し根づいている至るところ」（フーセク、一一九頁）――や、ある程度はモラフスケー・リエスコヴェーその他の場所でも、宗教観がより厳しい場合（と教会儀礼がより簡素な場合）、バロック風の装飾過剰は斥けられている。だからこそ、こうした地域における「高地」衣裳は、並外れた優美さと昔からの簡素さで目を見晴らせる。他方、たとえばカトリックが優勢なストラーニーやドゥリエトマは、「高地」衣裳から相当離れはじめている。「高地」衣裳は、モラヴィアのスタリー・フロゼンコフでは高地の集落でのみ保たれており、都会では消えている。」（フーセク、一一九―一二〇頁）

カトリックの衣裳がより色どり豊かであることは、宗教観がさほど厳しくない（あるいはプロテスタントの教会儀礼のほうが簡素である）というだけで説明がつくものではない。バロック様式がカトリックのほうにより大きな影響をあたえたのは、このケースでは、バロック様式の宣伝者や普及者となっていたのがたいていカトリックの聖職者や民衆芸術・教会芸術の職人たちであったからであろう。後者の影響はとくに大きかったが、彼らはカトリック教会に親近感を抱いており、制作にあたってバロック様式を利用していた。すなわち、教会関係の本のなかの聖像、ガラスの上の聖像、教会のなか、教会のそば、定期市などで売られる製品のうえの聖像である。当然のことながら、こうしたことすべてが、カトリックのあいだにバロック様式とバロック風の装飾を過剰に浸透させる一方、プロテスタントはこの様式にたいして反発した。

むろん、いまも地域によっては、カトリックの衣裳とプロテスタントの衣裳のあいだの明白な違いが見られることであろう。

「たとえばスロヴァキアのチャタイでは、福音派の人びとはカトリックとは衣裳の様式と刺繍が大きく異なっている。」（ヴァーツラヴィーク「フーセク……」、三三七頁）

スロヴァキアの福音派の女性とカトリックの女性の髪型の違いは、D・ストラーンスカーもつぎのように記している。「福音派の女性は……スタラー・レホタやピシチャニ近くでは、髪を紐で巻いているが、カトリックの女性は角状の詰め物〈グルグリヤ〉をつけている。」（ストラーンスカー「スロヴァキア衣裳研究……」、三二六頁）

カトリックとプロテスタントの衣裳の違いを研究する際には、カトリックとプロテスタントの境界分けをもたらした歴史的条件だけでなく、これらの宗派の農民のあいだに今日もなお存在している意識的（ときには無意識的）な志向――それがゆえにいまもなお衣裳を相互に区別している――をも、つねに考慮に入れておかねばならない。

将来は、研究者たちは――社会的地位・階級間の区分けにたいする意識的な志向ゆえに、農民の都会ふう櫛ですら、職人の妻の櫛とは色で区別されていた前記の例のように――新しい衣服においてカトリックをプロテスタントから区別しようとするこうした志向がどの程度、またどのような形式であらわれているかを、明らかにしなければならないであろう。

12　年齢を示す機能、既婚か未婚かを区別する機能

衣裳を身につけている者の年齢を示す機能というのはどのようなものであろうか。すでに見たように、ある地方では地域を示す機能をもっている記号が、別の地方では衣裳を身につけている者の年齢を示す記号となっている。また、ある地方では衣裳の一定のディテールがすべての男性と女性に義務的であるのにたいして、別の地方ではおなじディテールが老人の衣服にのみ見られる。カルパチア・ロシア地方のヴェリャチノ村では、すべての男性は襟が紐でむすばれたシャツを着ている。別の村では、紐がついたシャツを着るのは老人だけであって、若者は襟がボタンで留められるシャツを着ている。衣裳における年齢を示す機能を研究する際には、年長世代が、彼らが若いときに若者が着ていたのとおなじような衣裳をきているケースと（これは都会ではとくにそうであり、老人は若いときに流行っていたのとおなじような服をまだ着ている）、年長世代と若い世代それぞれにとっての特別なディテールが確立しているようなケースとを、区別しなければならない。衣裳を身につけている者がこうした機能をどこまで自覚しているかは前者のケースと後者のケースでは異なるにしても、両方のケースとも年長世代はある一定の特徴――年齢の違いを示す機能――をもっている。現存の資料から明らかになってき

ているところでは、より年輩の者たちがいま身につけている衣裳の個々のディテールは、以前は、ほとんど皆が身につけていた衣裳と変わらない。

「ブジェゾヴァーの衣裳。シャツは、フロゼンコフとおなじように、かなりふんだんに刺繍で飾られていた。だがいまでは、年とった農民だけが、襟のあたりや胸の上、手首のあたりを黒で刺繍したシャツを着ており、また三本の縞が袖と襟を横切っている。シャツは首の脇で留められる。そのほか、いまでは「地主」シャツも着ている。」（クルヴァニャ、一九二頁）

おなじことは、髪の結い方にも見られる。

「ホルニャーツコの衣裳。いまでは髪を、主として若者は学校の影響で短く刈りこんでいる。だが最近までは、前方は長い髪にし、中央を「小道」で分けていた。老人はいまもこの流行を守っている。」（同、一九八頁）

クルヴァニャは、村によっては衣裳のあるディテールが老人にとっての規範となっており、また別のディテールが若者にとっての規範となっていることを示す例を、さらにあげている。だが残念ながら、われわれが今日手にしている資料からは、こうした違いが或る世代にとってどれほど現実的なものなのかは必ずしも明らかではない。

「ポトホラツコの衣裳。キヨフの衣裳。シャツは首のあたりで、老人の場合は白いリボン、若者の場合は黒いリボンで留められる。」（同、二一三頁）

「ストラーニーの衣裳。老人は、右肩上部のあごひげの下でホックでシャツを留めていたが、若者は四本の白い組み紐で留めていた。」（同、一八八頁）
「ホルニャーツコの衣裳。若者の場合、いたるところと同様に、帽子は「キャタピラ」（クレープ製の組み紐）が巻きつけられ、さらに上の部分はリボンが巻かれていた。そうしたリボンは村落ごとに異なっていた。こうしたものが合わさって〈シムーキ〉（飾り）をつくりあげ、それらには造花や生花が添えられていることも多い。」（同、一九八頁）
「ヴルチノフの衣裳。祝日の男性用衣裳。ズボンは黒いラシャでできている。以前は老人は粗い白い布のズボンを履いていた……
ベストは黒のラシャ製のこともある。立て襟は赤と青の絹で刺繍されており、下には大きな赤い房があり、やや小さな房が（ふたつずつあった）ポケットの両側にあり、背には、ノヴォヴェスコの房とちがって暗赤色でけっして「巻き毛」ではない房が三本ある。より年輩の者の場合、房はより小さく、色は青である。」（同、一七六頁）
「ニヴニツェの衣裳。彩色されたベストは、年輩の者の場合は青だけであり、若者の場合は赤と青である。」（同、一八一頁）
「ムチェニツェとホヴォラニの衣裳。昔からここでも〈フロトキ〉という帽子を被っていた。未婚男性のはつばが狭く、下は白のリボン、少し上は赤のリボンが巻かれていた。老人の場合、つばは指二本分広く、三回か四回巻かれた白いリボンの上部には金の縁飾りがあった。四〇歳以上の者は、金の縁飾りがもっと細い緑のものに取り替えられた。こうした帽子は一八六〇年頃に消えた。」（同、一五四頁）

「ブジェツラフとホドニーンの衣裳。南キヨフあるいはミトチツェとドゥブニャニの衣裳。髪を青年はより短く刈り、おなじように「進歩主義者」や新兵の多くも刈っている。年配者は髪をもっと長く生やし、油を塗って髪を真ん中で分け、後ろは平らに刈っている。」（同、一四九頁）[24]

「ヴルチノフの衣裳。かなり広い袖のシャツで、未婚男性の場合は、すでに述べたように、とくに黒と白で、襟、肩、胸にふんだんに刺繍がほどこされている。……もっと年輩の場合には、黒のクロスステッチ刺繍はかなり少ない。刺繍は、襟の折り返しなどにある場合、わずかながら「目印になっている」。」（クルヴァニャ、一七六頁）

都市住民は既婚男性と未婚男性を区別する記号を衣服ではもっていないのにたいして、村では未婚男性と既婚男性を区別する機能をもっている記号がかなり多く見られる。[25] 以下の例はそのことを端的にものがたっている。

「ハナーツコ・スロヴァーツコ南部の衣裳。若い男は、結婚するときには、帽子の羽根や、「小鳥付き」の赤いリボンをつけるのをやめる。今度はかれは〈シムーキ〉という飾りだけをつけている。歳をとればとるほど、帽子の飾りは少なくなる。老人は黒いリボンと留め金がついた

だけの帽子を被っている。飾った帽子を最近では若者も被らなくなった。」(同、一二四六頁)

「……未婚男性は夏は気軽な服装で教会や音楽会に通う。既婚者はベストの上にさらに〈ライブレ〉という上着を身につける――東部では白のフランネル製のもの、西部ではいろいろな〈マリンカ〉という短い上着、ヴェレチニではちょっと変わった〈カバート〉という上着――、もっと寒い時期には〈ハレナ〉というオーバーコートを着る。既婚男性の場合、飾りはどんどん少なくなっていく。」(同、一〇〇―一〇一頁)

「ポドルジーのブジェッラフあるいはポドルジー全体の衣裳。未婚者の首のあたりや肩には、ふつうの組み紐の代わりに三センチほどの幅広い白いリボンがあり、襟には多彩な――しかしふつうは赤だけの――絹のスカーフを巻いている。既婚男性や新兵はそれを黒い絹のスカーフに取り替える。」(同、一五七頁)

「……ストラーニーやブジェゾヴァーにおいては、さらにはフロゼンコフあたりまでにおいても、未婚男性は……小さなつばの帽子で、「キャタピラ」や金モール――金のふち飾り――、リボンで飾られている……。既婚男性の場合は、リボンの代わりに〈アクサミートカ〉というビロードの組み紐である。」(フーセク、一二三一頁)

「モラヴィアのランジホトやブジェッラフ近隣の村からきている、ポドルジーの男性用衣裳はその色鮮やかさで有名であったが、それは、ランジホトでおそらくつい最近――一八八五年か

——にあらわれた……青い飾りのついた、ぴったりとした赤いズボンに負うところが大きい。……ランジホトではいままで、既婚男性は藤色のズボンや青いズボンを履くか、「明るい（淡い水色の）」飾り付きの黒いズボンを履いている。……既婚男性は未婚男性とちがって、より濃い色で固めており、羽根もリボンもまったくない。」（同、一二一頁）

「ヴラツォフの衣裳。ヴラツォフの人びとは、紅白の「キャタピラ」のついた、つばの広い帽子を被っている。未婚男性は「キャタピラ」の上方に、いちばん多くはビーズで飾った紅白の縮み織りのリボンがあり、またひんぱんに造花やとても長い羽根（ときには二枚の羽根）がある。より年輩のひとは黒いリボンがついているだけのつばの広い帽子を被っている。」（クルヴァニャ、二二〇頁）

羽根

「羽根はふつう男性的な力強さと勇気の記号であり、そのため、他の若者と闘うことも恐れない者だけが羽根で帽子をあえて飾っていた。羽根をつけているどんな若者も、別の者に「で、お前は羽根をつけるにふさわしい男か」と聞き、そうした言葉でもって「試合」を挑む権利をもっていた。勝った者は、敗者から羽根を奪った。挑まれた者がもし自信がなかったならば、「いや、兄弟、羽根を君に手わたすよ」と答えるほかなかった。ある力持ちは羽根を五本か六本つけていた。それ以上になると、つかみとった羽根をぼろぼろにしていた。誰かからわざと羽根を引きちぎるのは、血まみれの喧嘩への挑発を意味していた。ときには、若者は、嫉妬深いかあるいは立腹した「女友達」から、こうした恥辱を受けることもあった。かつては、羽根のために村と村が闘った。敗れた村の若者は羽根をはずすことになっていた。」(バルトシ「モラヴィア・スロヴァキアの生活から」、一九〇一年、一〇八―一〇九頁)[26]

「スロヴァキアの未婚の若者は今日も、帽子の上の白い鶏の羽根で見分けられる。この羽根は男性的な力強さと勇気の記号であるばかりでなく、誠実な独身者の記号にもなっている。ブルノ地方でもおなじ慣習が支配的である。羽根をつける勇気ある者は、まちがいなく強い若者である。」(オブラーチル、一一頁)

「ハナーでは、既婚男性の頭は、「丸坊主に」刈られていることが多く、うしろだけ耳の高さから長い髪が残されており、肩まで垂れている。」(同、一一―一二頁)

「ニヴニツェの衣裳。シャツの立て襟は、未婚男性ではとくに赤と黄で刺繍され、既婚男性では白で刺繍されている。」(クルヴァニャ、一八一頁)

「ハナーツコ・スロヴァーツコ南部の衣裳。帽子はいまでは、未婚男性の場合は羽根、ときに

は何本かの羽根で飾られている。」（同、二四六頁）[27]

衣裳における年齢に関するもっと大きな区別は、女性の場合に見られる。

「ポトホラッコの衣裳。キヨフの衣裳。より年輩の女性は、細かいひだの浅めのブーツを履いている。年とった女性たちはかかとのない不恰好なブーツを履いている。」（同、二二四—二二五頁）

「ホルニャーツコの衣裳。前掛け……はさまざまで、より若い女性の場合、花がいっぱい描かれた主として赤や白の明るいもので、最近では絹製でたくさん花模様がついたものもある。より年輩の女性の場合、青い。」（クルヴァニャ、一九九—二〇〇頁）

「スカーフは……若い女性の場合、いまは大多数が「トルコ風の」赤い、たくさん花が描かれているものをまとっている。年輩の女性は、「ライプチヒ」スカーフ、つまり茶色の葉とさまざまな色の花を散りばめた白いスカーフをまとっている。しかし、「ライプチヒ」スカーフも消えつつある。さらに年輩の女性たちは、家庭で染めた青や黄色の捺染されたスカーフを、まだあちこちでつけている。」（同、二〇一頁）

「ウヘルスキー・ブロトの衣裳あるいはザーレシーの衣裳。年輩の女性の場合は、襟にクロスステッチ刺繍された黒い花があるだけだが、若い女性の場合は襟ぐりにも黄色地の色彩豊かな刺繍がある。」（同、一七〇頁）

「ニヴニッェの衣裳。女性のベストは二種類ある。年輩の女性は黒くてラシャのベストを身につけ、若い女性は平織生地の藤色のものか絹製の藤色や青色のものを身につけている。」（同、一八三頁）[28]

女性が既婚か未婚かは、さらに明瞭に衣裳が示している。村の既婚女性と未婚女性がその行動規則、権利、義務などでいかに強く区別されているかを承知しているわれわれからすれば、既婚女性と未婚女性の衣裳に相違があっても、なんら不思議はない。

「結婚披露宴のあと、花嫁の「巻きつけ」ないし「着帽」がはじまる。既婚女性たちが花嫁の頭から花冠をはずし、ひとつに編んでいた髪をほどいて二本に分け、それらを頭に巻き、頭を〈オバレンカ〉ないし小さな婚礼帽〈ガルグリャ〉と、スカーフで被う。この慣習が保たれているのは、モラヴィアのうちのスロヴァキア地方だけといってもよい。他の地方では「いままでは花嫁に『婚礼帽は被せられず』、花嫁たちはすでにその前から『婚礼頭を被っている』」（未婚の女性たちの風紀の乱れをあてこすっている――シェベストヴァー）。人びとは、以前は許しがたい罪とされていたことにもはや慣れてきている。『そうなんですよ、いまじゃこれはもうそんなに恥ずべきことではなくなってしまいました』。」（シェベストヴァー、四九頁）[29]

「……ストラーニー、ブジェゾヴァーでは、さらにはフロゼンコフですらも……女性は黄色のスカートを履いている（未婚女性は白いスカート）。」（フーセク、一三一頁）

「前掛けは、やはり当初は、白い家庭用平織生地からできており、ふたつの布を縫い合わせていた。あとになってはじめて、いろいろなやり方で家で染めはじめた。まだ染物職人は女性たちの衣裳にかかわっていなかったのだが、やがて、未婚女性のために、もっと鮮やかな模様の前掛け――さまざまな模様があったり、縁になんらかの図形がある白い前掛け、あるいはまたしばしば見られたような、明るい前掛けで、ただし青い色合いを伴っているもの――をつくりはじめた。既婚女性は黒か黄緑、黄がかった青の単色の前掛けをしているのがふつうであり、裾に飾り紐がついているときもある。」（ヴァーツラヴィーク『ルハチョヴィツェの未開拓地……』、一五九頁）

「スラヴィチーンの衣裳。既婚女性はベストの上にさらに〈カバーテク〉という上着も着ている。」（クルヴァニャ、一三九頁）

「……ストラーニー、ブジェゾヴァーでは、さらにはフロゼンコフですら……既婚女性はかかとに飾り鋲を打った深い靴を履き、未婚の娘の場合は飾りつきで、緑の刺繍がほどこされた浅い靴を履いている。……年輩の女性は、細かいひだのある昔のブーツに替わって、大きな鋲を打った靴を履いている。」（フーセク、一三一―一三二頁）

「ハナーツコ・スロヴァーツコ北部の衣裳。ときには娘たちは首にビロードの細い紐をつけており、それには十字架か〈アグヌーセク〉（小さな金属メダル）がついている。しかしスロヴァキアではふつうつけていない。たぶん、ここでは、切り抜いて首のあたりを大きく露出させている〈オブルシラーク〉がその役割を演じている。」（同、二四一頁）

「ホルニャーツコの衣裳。娘たちのブラウスは、色とりどりの細い帯か赤と水色の縞をつけて織られている。」（同、一九九頁）

娘と既婚女性における袖にひだのあるブラウスの相違点については、ヴァーツラヴィーク『ルハチョヴィツェの未開拓地……』、一五一頁を参照。

さまざまな色の刺繍の例。「ストラーニーの衣裳。「白い」模様は娘たちのものであり、黒い模様は既婚女性たちのものである。」（クルヴァニャ、一九〇頁）

「ルハチョヴィツェとポズロヴィツェの衣裳。既婚女性は、縁にビーズで刺繍しているのがふつうの帽子をスカーフの下に被っていることが多い。場所によっては、髪を巻いた〈オバレンカ〉の上に、耳のうしろで「皿のように」むすんだ特別な赤いスカーフをしていた。その上には、耳のうしろで高くゆわれていた大きな「トルコ・スカーフ」もつけていた。しかも、こめかみと額の上にはかなり多くの髪が突きでていた。年とった女性はいまもスカーフをそのようにむすんでいる。」（同、二三四頁）

「……婚礼帽と古いスカーフはフロゼンコフでは以前にもうつけなくなったが、ドリエトマでは年とった女性はまだつけている。……若い女性はそれらを婚礼のあと長持ちのなかに隠すので、未婚女性とちがわない。ストラーンスカーが結び方を記述している（『スロヴァキア衣裳の研究より』三七頁）。昔のスカーフは、もう身につけていない。」（フーセク、一三六頁）

「娘は髪を一本に編み、既婚女性は〈オバレンカ〉に巻きつけ二本に編み、その上にスカーフを被る。」（フーセク、一三二頁）

「未婚女性は夏の日曜日の午後には、「ぼさぼさ」で、つまりかぶりものなしで歩き、編んだ髪には三本のリボンがあった。冬には、既婚女性とおなじように、白いスカーフをつけていた。……しかし既婚者は「ライプチヒ風」スカーフの下に、網状の婚礼帽か織機で織られた婚礼帽をつけていた。スロヴァキアの女性は一八八〇年代にはザーレシーで買っていたが、トレンチヤンスカー・テプラーやボシャーツァですら売っていた。」（ヴァーツラヴィーク『ルハチョヴィツェの未開拓地……』、一六四頁）

「ウヘルスキー・ブロトあるいはザーレシーの衣裳。既婚女性は、ヴルチノフの場合とまったくおなじような婚礼帽の上にのせた、半円の詰め物〈オバレニツェ〉のまわりに、スカーフをむすんでいる。そうでなければ、既婚女性は、前記の〈ナテスタ〉（ソーセージのかたちをした、髪を巻きつけるための詰め物）のまわりに髪を編むが、それは耳のうしろでむすばれたスカーフからすっかり見える。娘はスカーフを、年とった女性のようにむすぶが、あごは見えないようにしており、スカーフの先を頭頂部でむすぶのが典型的である。祝いのときには娘は、ヴル

チノフの衣裳とおなじように、スカーフを「うしろに垂らした尻尾のように」むすぶ。」（クルヴァニャ、一九五頁）

「ブジェゾヴァーの衣裳。スカーフを昔はブジェゾヴァーでもつけていた。年輩の女性は編んでつくった小さな婚礼帽の上にそれをつけ、娘は何もかぶっていない頭につけていた。」（同、一九五頁）

「キヨフの衣裳。既婚女性はより細い袖のさほど華やかでないブラウスを着ている。袖留めもしていない（袖は赤い留めで肘の上で留めていることが多い）。」（同、二二五頁）

年輩の女性と娘のかぶりものの違いは、他の地域とおなじようにモラヴィア・スロヴァキアにおける年輩の女性と娘のもっとも特徴的な記号になっている。（同、一七八、一八〇、一九〇、二〇九、二三八頁を参照）

都会では既婚女性と娘の衣裳の相違はごくわずかで、まったくないことのほうが多い。[30] 都会では夫婦のもっとも特徴的な記号になっているのは婚約指輪である。しかし、まさにそのような指輪こそ、いくつかの村ではつけるのが禁止されている。「指輪は結婚前の恋人からのプレゼントとしてつけるものであるが、女性のなかには、結婚のあともそれをつけており、『料理をおいしくするため』とかの名目で三本も指につけている者までいる。だがそれは、婚礼のあとではもはやつけずに長持ちにしまっておく結婚指輪と区別する必要がある。[31]」

13　未婚の母のかぶりもの

つぎにあげるのは、潜在的ないしほとんど隠された機能が特殊な条件でのみあらわれるケースである。衣裳の個々のディテールが既婚女性と未婚女性との違いを明らかにしている例はすでに見たが、集団が性道徳に関してどのような厳格な基準を娘に課しているかを考慮に入れるならば、以下のことも明らかであろう。すなわち、娘の衣服は、年齢を示す機能やこの娘の特別な地位を示す機能のほかに、娘が、集団の性道徳の基準を満たしているかどうか、つまり処女であるかどうかを示す機能も有している。

実際に衣裳がそのような機能をもっていることは、娘が自分に課せられている基準を満たしていないならば、娘用の衣裳にただちに変化があらわれることから、明白である。

「未婚の母、つまり「堕落した娘」は、既婚女性とおなじような身なりでなくてはならない。」

（ヴァーツラヴィーク『ルハチョヴィツェの未開拓地……』、一七二頁）

「……ヤブルンコフスクのモストゥイ村やヤブルンコフスク地方一般では……未婚女性は何も被らずに髪をひとつに編んでおり、ときには色とりどりのスカーフを巻いているのにたいして、既婚女性はさらに婚礼帽も被っている。花嫁は花冠をつけるが、未婚の母はけっしてつけない。」

（フーセク、一四六―一四七頁）

「ブジェゾヴァーの衣裳。未婚の娘は一本のおさげ髪にし、日曜には端にリボンをつける。既婚女性と未婚の母は髪を〈オバレンカ〉のまわりにゆいあげる。」（クルヴァニャ、一九四頁）

「既婚女性は髪を二本に編み、それらをさまざまな〈オバレンカ〉――木製や、針金製、紐製のものなど――のまわりに巻く。以前は、その上に、ふんだんに刺繍がこらされた帽子を被っていた。堕落した娘ですらそのような〈オバレンカ〉と帽子をつけていなければならなかった。このような娘は「ザヴィタ」――つまり「髪がゆいあげられた」――といわれていた。こうした娘を「ザヴィトカ（髪をゆった女）」と呼んでいたゆえんでもある。髪を編んで垂らすことは、そのような女性には許されなかった。そうしないと髪を切るという、たいへんな辱めを受けるはめになった。」（同、一〇二頁）

「既婚女性は、婚礼で「巻きあげ」ないし「着帽」をすませた日からは髪をいくつかに分けて編む。編んだ髪の長さのほぼ真ん中あたりに長い帯がついており（教母が花嫁に贈るもので、ふつうは群青色）、編み毛といっしょに頭に巻かれていた。昔なら「辱めのために」髪を切られていた未婚の母も、おなじような髪型であった。……プロヴォドフ出身の七〇歳のアロイス・スロヴァークは、意に染まぬ〈ミカド〉（女性の髪型の一タイプ）についてつぎのように語っている。『六〇年頃前われわれのところに粉屋Xがいました。かれには妻とかわいい幼子がいましたが、とんでもないことになりました。聖歌隊指揮者の娘がかれにほれてしまい、かれの子を身ごもってしまったのです。粉屋の妻は嘆き悲しみ、このままではすませないし、仕返しをするつもりだと脅していました。あるとき彼女は鐘楼のそばで待ちうけていました。聖歌隊指揮者の娘が通りかかったとたん、なんとまあ、とびかかって娘のふたつに編んだ髪を切りとり、辱めに壁の高いところに打ちつけてしまったのです。それは誰かがとりはずすまで、長いことそこに掛かっていました。粉屋は、嘲笑やありとあらゆる噂に耐えきれず、粉引き小屋を売り払って、どこか遠くへ行ってしまいました』。」（ヴァーツラヴィーク『ルハチョヴィツェの未開拓地……』、一六一—一六二頁）

これに関連してオブラーチルの著書からも引いておこう。

「東モラヴィア、とくにウヘルスキー・ブロトでは、未婚の娘は、髪を編んで垂らし、リボンで飾っている。既婚女性は、娘が妊娠しているのに気づくと、かぶりものをつけずに外出することを許さず、「婚礼帽を被らせる」。言い換えれば、髪を切り、頭をスカーフに包む。他の場所では、髪を切られない場合、その娘は、既婚女性と同様に、編んだ髪を頭のまわりに巻き、スカーフでくるまねばならない。

ドルニー・ニェムチーでは、「堕落した娘」にたいし、既婚女性が、彼女たちだけがふつうつけている〈オバレンカ〉をあるいは〈オバレニツァ〉（髪を巻く円形のもの）を、娘のスカーフの下につくる――「そうすればより早く当人とわかる」。このような慣習は、以前はモラヴィア全体にあった。西モラヴィアですら、堕落した娘は「髪をだしたままで」（なにも被らずに）外出しようなどとはせず、既婚女性とおなじようにスカーフをしなければならなかった。今日でも、「堕落した娘」は、結婚しても、頭に花冠をつけて祭壇に近づく資格はなく、〈オバレンカ〉をつけて近づかなければならない。彼女自身が仲間の女性たちから外れてしまったからである。」（オブラーチル、一二四頁）

「スロヴァキアでは、誘惑した男は罰を免れなかった。かれもただちに羽根とリボンを帽子から外すことになっており、仲間連中は教会のなかでさえかれと付き合おうとしなかった。『こいつは仲間じゃない』とトルマチョフではいわれていた。」（同、一二七頁）

「堕落した娘」の衣裳には、あるいはまた集団が娘にとってだけ特徴的なディテール――娘用のかぶりものと髪型――を未婚の母が身につけないようこれほど厳しく注意している事実には、まるで小宇宙におけるかのように、未婚の母にたいする集団の倫理観が反映されている。[32] もちろん、こうした考え方があらわれているのは衣裳だけでない。[33]

このようにして、かつては、集団の要求に従って、処女だけが未婚女性の衣裳を身につけることができた。一方、いかなる処女も既婚女性の衣裳を身につける資格はもっていなかった。

「いまでは新妻は、かつて未婚の母だけがしていたように、スカーフで歩いている。」（ヴァーツラヴィーク『ルハチョヴィツェの未開拓地……』、一七二頁）。当時なら、娘たちも、集団の非難を恐れて、未婚の母のように頭にスカーフをしようなどとは思わなかったであろう。だがいまでは、それもありえるようになった。かつては既婚女性のもっとも特徴的な記号のひとつであって、既婚女性にとっては呪術的なものであった婚礼帽ですら、いまや、儀式的性格を失って、完全に実用的な機能しかもっておらず、しかも興味深いことに、既婚女性の衣裳のこうしたまさに典型的な部分を娘も身につけている。

「ハナーツコ・スロヴァーツコ南部の衣裳。あちこちで娘は、油を塗った髪で汚れないようにとのためにだけ、スカーフの下に麻布の帽子を被っている。」（クルヴァニヤ、一四九頁）[34]

われわれが研究した資料には、ある機能——未亡人の特殊な衣裳となっているような衣裳がもつ機能——は、いまのところどこにも見られない。[35]

14 エロティックな機能

衣裳のエロティックな機能については触れずにきたが、この機能も、現代の都会の衣服であれ、民俗衣裳であれ、昔も今も大きな役割を演じている。この問題に触れなかったのは、モラヴィア・スロヴァキアで集められた資料には、この機能にたいする明確な指示が見られなかったからである。これは当然である。ふつう、衣裳を身につけている当人はエロティックな機能について語ることはなく、十分には自覚していないほどである。美的機能はエロティックな機能と一体化しており、エロティックな機能をいわば隠蔽していることが多い。ふつう、どんな問いかけにたいしても、当該の衣裳やそのパーツを身につけているのはこのような女性用盛装が男性に好まれる――あるいは逆に、そのような男性用衣裳が女性に好まれる――からではなく、これが美しい衣服だからである、との答が返ってくる。他方、異性による評価においても、衣裳の美的価値だけが言及され、そのエロティックな機能については沈黙が守られているのが、ふつうである。

衣裳の美的機能とエロティックな機能のこのような融合は十分に理解できる。こうした場合、双方の機能とも、おなじこと、つまり関心を惹くことに向けられているからである。一定の対象に関心を惹きよせることは、美的機能の主要な側面のひとつであるが[36]、エロティックな機能の諸側面のひとつにもなっている。というのも、娘は若い男の関心を自分に惹きつけようとするからである。このように、エロティックな機能はしばしば美的な機能と溶け合っていることが多い。そのほか、場合によっては、エロティックな機能は地域・民族を示す機能と緊密にむすびついている。すでに見たように、若い男たちは、衣裳を「都会風」衣服に取り替えた娘と踊るのを断っていた。だがこの場合、都会の衣服であれ、他民族の衣服であれ、とにかくよその衣裳にたいする嫌悪は、このよその衣服をエキゾティックで女性に情緒的に影響しやすいものとして高く評価していることと、弁証法的に組み合わさっている。またほかの地域では、またときには同一地域においても、若い男たちのなかのある者は都会の衣服を認めず、また別の者はそのほうが「みずからの」地方服よりも気に入っている。

15　子ども服の機能

子どもの衣裳の機能も別個に分析しておこう。子どもの衣裳は、実用的機能のほかに、まず第一に、年齢を示す機能をもっているが、さらに細かく分析すればわかるように、他のいくつかの機能ももっている。

すでに洗礼式の際に、男の子の産着は女の子の産着と異なっている。この場合は、子どもであることを示す機能に、性を区別する機能がむすびついている。

「ハナーツコ・スロヴァーツコ南部の衣裳。子どもが洗礼を受けるとき……産着は赤か青の梳毛糸でできているのがふつうであった。男の子は、われわれのところのあちこちと同様、青いリボンと産着を身につけており、女の子は赤やばら色のリボンであった」(クルヴァニャ、一二四四頁)。だがその後、ごく幼い子どもの場合、男の子の衣裳は女の子の衣裳とまったく区別がなくなった。

「スロヴァキアでは、幼子は、まだ四〇年ほど前は、男の子であれ、女の子であれ、スカートを履いていた。」（オブラーチル、一一頁）

のちになると、子どもの衣裳に、年齢の違い——幼い女の子、十四歳までの少女、思春期の娘——を区別する記号があらわれてくる。

「ハナーツコ・スロヴァーツコ南部の衣裳。とても幅の広いスカートは以前は〈バヴルンカ〉と呼ばれていた。子どもは〈バヴルンカ〉を履かなかった。ごく幼い子は赤と白の縞があるスカートを履いていた。もう少し年上で一四歳までの子はふたつの縞のあいだに十字架模様が散りばめられていた。女の子が「思春期に達する」と、〈バヴルンカ〉——赤の太い縞が入った白いスカート——を履きはじめた。歳をとるにつれて、赤の縞は太くなっていく。」（クルヴァニャ、二四七頁）

子どもの衣裳における年齢のこのような区別は、男の子の衣裳にも見られる。

「男の子は、学校に通うまでは、スカート、前掛け、上着、つばの広い帽子、ブーツを身につけている。」（バルトシ、一一〇頁）

「ハナーツコ・スロヴァーツコ北部の衣裳。五歳を過ぎた男の子は、ふだん着として亜麻のズボン〈ガチェ〉と、それに合わした青のファスチアン織りの上着をつけていた。祝日には、大人とおなじような衣裳、つまり黄色の皮製ズボン、青の靴下、白のフランネルの上着、さらには飾りつきの帽子を身につけていた。」（クルヴァニャ、一四三頁）

「キヨフの衣裳。祝日用の、ほんとうの男性服を男の子が着はじめるのは、すでに一六歳になってのことであった。」（同、二二二頁）

子どもの衣裳を検討してみると、子どもの衣裳には大人の衣裳にくらべてより古風な特徴が保たれている、という興味深い事実につきあたる。

「ホルニャーツコの衣裳。幼い女の子は夏はスリップだけで駆けずりまわっている。昔はもっと年上の女の子もこのようなスリップがふだん着であり、スカートを履くのは日曜だけであった。」（同、一一九頁）

女性の衣裳を子どもの衣裳——幼い女の子の衣裳——が借用している興味深い例もある。

「キヨフの衣裳。モラヴィアでは、白いドラッコ風「前掛け」も縫いつけられていることが多かった。いまでは、このような前掛けを身につけているのはごく幼い女の子だけであり、教会の祝典や聖体拝受などのときにつけていく。」（同、二二五頁）

南モラヴィアの興味深い例に、以前は成人した若者がしていたが、いまでは幼い男の子だけがしているかぶりもののパーツがある。「当時は孔雀の羽根をつけていたが、それも男の子だけではなかった。」（シェベストヴァー、一八一頁）

さまざまな民族の民族誌学的記述には、以前は宗教的あるいは呪術的性格をしばしばもっていて大人が参加していた遊戯が子供の遊戯に変わっているのとおなじように、以前は大人がうたっていた歌が子どもだけの歌になっている例が数多く見られる。[37] むろん、歌や遊戯も衣裳も、大人から子どもへと移ると、機能を変える。先の例でいえば、大人がつける孔雀の羽根は、主として美的機能をもっていたが、いまではその基本的機能になっているのは、子どもの衣裳と大人の衣裳の区別であり、しかも年齢を示すこうした機能は美的機能よりもたいせつであることが多い。

これは、大人の衣裳が子どもの衣裳よりも流行の影響を受けやすいことによって説明がつく。すでに指摘したように、子どものフォークロアのレパートリーが大人のフォークロアにくらべてより古風であることと類似している。（衣裳や歌、その他における）流行を意識的に追っかけるのは、遅れまいとしているからであるが、一定の緊張、観察、適切な行動が必要で、集団のなかにおける新たな流行現象につねに気を配らざるをえない。これにたいして子どもの衣服の場合には、それが流行のものかどうかは考慮に入れられていない。

しかし他方では、子どもの衣裳は都会の衣服の影響をむしろ受けやすい（この場合も、フォークロアの事象と似ている。子どもは、学校でおぼえた都会の歌や物語を最初にうたい、語る者であることが多い）。青年が民俗衣裳をまだ着ている一方、子供たちはすでに都会の服を着ていることがある。

「キヨフの衣裳。男の子の場合、村の衣服がまったく着られていないのが目につく。学校に通っている男の子は完全に都会風の服装である。未成年の男の子には、白のズボン〈ガチェ〉、ベスト、刺繍されたシャツなどは見られない。他方、成人した若者はつい最近まで、祝日には黄色の皮のズボンと青の靴下で目立っていた。だが残念ながら、それもまれになっていき、第一次大戦後はすっかり消えつつある。」（クルヴァニヤ、一一一頁）

「キヨフの衣裳。男の子は、なかば都会風の、とりわけ濃い色の衣服を、成年に達する直前まで身につけている。まれに、都会から離れた村で、学童は麻製ズボン〈ガチェ〉と村特有のベストを身につけている。」（同、一一二頁）

先に引用した事実と正反対のこうした例は、前記の例で子どもの衣服が流行の衣服の機能をもっていなかったのと同様に、この場合も地域的衣服の機能をもっていないことによって説明がつく。子どもの衣服の機能は、子どもを暑さ寒さから守ることにあり、そのあとに美的機能や年齢を示す機能がつづき、さらには性を区別する機能がつづくが、子どもの衣服は地域を示す機能や流行服の機能はけっしてもっていない。だからこそ、場合によっては流行が無視されたり、またある場合には大人の衣裳にくらべて子どもの服では地域差が無視されている。若者の衣服では都会の衣裳との地域的違いや社会的地位・階級の違いが意識的に強調されているのにたいして、子どもの衣服ではそうしたことは無視されているのである。

16 記号としての衣裳

以上のところでは、衣裳のさまざまな機能を検討してきた。すなわち、実用的機能、美的機能、それにときおり緊密にむすびついているエロティックな機能、呪術的機能、年齢を示す機能、社会的・性的機能（つまり既婚女性と未婚女性、既婚男性と独身男性を区別する機能）、それに緊密にむすびついている――衣裳を身につけている者の性的ふるまいについて物語っている――道徳的機能（未婚の母の衣裳）、祝日の衣裳の機能、儀礼的機能およびそれと組み合わさった喪を示す機能、職業を示す機能、社会的地位・階級を示す機能、新兵や老兵をあらわす機能、地域を示す機能、信仰を示す機能、その他である。

その際、機能は衣裳（モノ）そのものに属しているか、衣裳が（記号として）示している種々の領域に属している。

したがって、衣裳はモノであったり、記号であったりする。モノと記号の定義をしておこう。[38]

ヴォロシノフによれば、「われわれのまわりの現実をよく見ると、いわば二種類のモノがあることに気づく。あるモノ、たとえば自然現象や生産用具、日常生活品などは、いかなるイデオロギー的意味ももっていない。われわれはそれらを利用したり、それらに歓喜したり、それらの構造を学んだり、製造過程における役目をすっかり明らかにしたりできる。しかし、いくら望もうとも、戦車や蒸気ハンマーを「記号」つまり何か別の対象や出来事の標示とみなすことはできない。

だが、もしわれわれが石を手にとり、それを石灰で着色し、ふたつのコルホーズの境界においたならば、話はまったくちがってくる。このような石は一定の「意味」を手にすることになろう。それはもはや自身のみ、自然の一部としての石のみをあらわすのではなく、それ自体の外部にある何かを指し示すことであろう。それは指示物、シグナル、つまりある確たる不変の意味をもった記号となるであろう。何の記号か？ ふたつの区画のあいだの境界の記号である。

これとまったく同様に、戦車を壊す巨大な蒸気ハンマーが、メーデーのデモの日に広場におかれているのを見たとしても——あるいは、紙にただ描かれているだけのものを見せられたとしても——、われわれはこのことについてまったくなにも「理解」できないであろう。だが、蒸気ハンマーにソヴィエトの紋章（鎌と槌）を描き、戦車に双頭の鷲を描き、さらにこの蒸気ハンマーを作動させている労働者の一群と大慌てで戦車から飛びだしてきている将軍どもを添えたならば、このような、いわゆる「アレゴリー的な」絵の意味はただちに理解できよう。すなわち、プロレタリア独裁が反革命を撲滅したのである、と。

この場合、ハンマーはプロレタリア独裁の力強さと不屈さを示す記号であり「シンボル」であるのにたいし、壊されている戦車は白衛軍の企みの破綻のシンボルとなっている。同様に、鎌と槌は生産用具のたんなる描写ではなく、プロレタリア国家のシンボルである。また、双頭の鷲は帝政ロシアのシンボルである。

しかし、実際何が起こったのであろうか。それはこういうことである。物質的現実の現象がイデオロギー的現実の現象となったのである。すなわち、モノが記号（むろん、やはり物質なのではあるが）と化したのである。絵に描かれた蒸気ハンマーと戦車は、生活のなかで現実に起こっているなんらかの出来事を反映しており、こうした出来事はこうした絵、鉛筆で書き埋めた紙切れの外部にあるものである。

しかし、物質文化に属する対象を意味の分野と部分的に近づけることも可能である。たとえば、生産用具をイデオロギー的に飾りたてることができる。たとえば原始時代の人間の石製の用具はすでに絵や装飾でときおり被われている、つまり記号で被われている。この場合の用具そのものは、むろん、記号になっていない。

さらに、生産用具に芸術的に完成された形式を添える、しかもそうした芸術的形式付与が用具の目的である生産という使命と調和するようにすることもできる。この場合は、記号と用具との融合ともいってよいような、いわば最大限の接近が生じている。だがやはりこの場合も、意味上の明確な境界に気づく。すなわち、用具それ自体は記号となっていないし、記号それ自体は生産用具となっていない。

同様に、消費製品をイデオロギー的記号とすることも可能である。たとえば、パンとワインはプロテスタントの聖餐授与儀礼で宗教的シンボルとなる。しかし、消費製品それ自体はけっして記号となっていない。それらを用具と同様にイデオロギー的記号と結合させることはできるが、そうした結合の際に両者間の明瞭な意味的境界が消え去るわけではない。たとえば、パンは一定のかたちで焼かれるが、そのかたちは消費という使途でもってのみ正当化されているわけではけっしてなく、初歩的にせよなんらかの記号的、イデオロギー的意味ももっている(たとえばクレンデリ〔B字形のパン〕やローザン〔端を内側に折り曲げた挙型パン〕)。

記号も、単一の物質であり、すでに見たように、自然や技術、消費のどんなモノも記号になりうるが、その際、モノはその単一の存在(自然のモノ)や一定の使命(生産や消費の目的に仕える)の枠を越えでた意味を獲得する。[39]」

以上が、記号とモノの違いを説明するのにヴォロシノフが引いている例である。ときとして対象はいわば純粋なかたちで——あるときはモノとして、あるときは記号として——あらわれるが、いくつかの機能をもっている衣裳は、ふつうは同時にモノでも記号でもある。ひとつの対象のなかにモノと記号がこのように緊密に構造的にむすびついているケースは、衣裳以外でもよく見られる。テーセウスの有名な伝説を例に引こう。テーセウスは、自分が生きていたならば船は白い帆をあげて帰ってくるし、死んでいたならば黒い帆で帰ってくるであろうと約束する。双方のケースとも帆はモノのままである。それらは帆のすべての特性——生地が良質で目が詰んでいて丈夫であること——を備えていなければならないし、特別の形態等々でなければならないが、同時にまた、そうした基本的使命のほかに、テーセウスが生きているか死んでいるかの記号ともなっている。この伝説の例からわかるように、記号としての帆は、きわめて重要な、この場合は運命にかかわる役割——モノとして果たしていたよりも大きな役割——を果たしていた。しかし、記号でありながらも、同時にモノでもあった。おなじことは衣裳にも生じる。衣裳はいつも実用的な役割を演じており、いつも記号であるだけでなくモノでもある。衣裳が記号だけになっているケースはきわめてまれである。劇場の衣裳戸棚から、俳優が中国人であることを示すことを基本的機能としている紙の中国服を手にとったとしても、その衣裳は記号であるほかにモノでもあるだろう。俳優の身体を包んでいるからである。また衣裳の個々の機能を研究するならば、そうした個々の機能が記号としての衣裳に添えられていたり、モノとしての衣裳に添えられていることに気づくことであろう。さきに検討したすべての機能のうち、実用的機能と部分的には美的機能のみが衣裳そのもの（モノ）に属している。[40]他の多くの機能は、衣裳（モノ）に属していると同時に、衣裳が指し示しているだけの他領域にも広がっている。たとえば、祝日の衣裳の機能は、衣裳そのものと密接にむすびついていると同時に、衣裳がより高価な素材で縫われ、また美しくなければいけないことも示している。また高価な素材も使われているたくさんのディテールも、衣裳の付属物であるばかりではなく、今日が祝日であって平日ではないことも示している。おなじことは社会的地位・階級を示す機能に関してもいえる。金持ちが身につけているような高価な生地で衣服が縫われているということは、実際、衣服に属しているわけだが、それと同時にそのことによって、その衣裳を身につけている者の社会的地位・階級的区別の信号にもなっている。この場合もやはり、衣服は変化して記号にもなっている。ある村——以前は金持ちの農民女性がブラウスを金で刺繡し、貧しい農民女性は絹でだけ刺繡していた、ブラチスラヴァ近郊のヴァイノリ村——から、豊かな農民女性の衣裳と貧しい農民女性の衣裳を手に入れ、古着屋に届けると仮定しよう。双方の衣裳が記号として二人の農民女性の社会的地位・階級の差異の明確化に役立っていたことを知らない古着屋は、モノとしてのこれらのブラウス——金で刺繡された金持ちの農民女性のブラウスと、絹だけで刺繡された貧しい農民女性のブラウス——を、また異なったふうに評価することであろう。しかし、身につけている者の社会的地位を示す衣裳が記号以外のなにものでもないようなう特殊な状況もある。たとえば軍服には、その持ち主の権利が部下たちとはちがっていることを明らかにする数多くの記号が存在する。兵士は、将校の制服を見るとき、軍という状況下では自分には将校の命令を遂行する義務があることがわかっているが、この場合、制服の生地の質やその美的価値等々は考慮に入れられていない。われわれが、将校の制服とおなじ生地で縫われた、金持ちの兵士の制服を手に入れ、それを軍服の相違点に注目しない古着屋にもっていったならば、その古着屋は兵士の制服をモノとして検討し、将校の制服よりも高く評価したり、生地の質がおなじであることからそれらをまったく区別しない可能性もある。しかし軍では、これらふたつの制服（将校の制服と兵士の制服）のあいだに重要な違いがある。

衣裳の社会的機能を認識するためには、われわれが他の言語を読んだり理解することを学ぶのとおなじように、これらの記号（衣裳）の読み方を学ぶことが不可欠である。

実際、濃い色は、ある場合には、一定の民族をあらわしている。スロヴァキアでは、ドイツ人はスロヴァキア人よりも濃い色の服を着ている。また別の場合には、それは信仰の違いをあらわしており、たとえば、プロテスタントとカトリックを区別する助けになっている。さらにはまた別の場合には、年齢の違いをあらわしている。

運転手が記号・信号を認識するのを学ぶのとおなじように、また軍では服のさまざまな記号を認識するのを学ぶのとおなじように、村では子どもの頃から娘の衣裳を既婚女性の衣裳と区別して認識することを学ぶ。われわれが調べた衣裳の機能の多くは、ほとんどいつも衣裳の外部へと差し向けられており、他の領域に属している。たとえば、未婚の母が既婚女性の衣裳のいくつかのパーツを身につけなければならないような場合、彼女の周囲の関心は、彼女が既婚女性のあれこれのパーツを身につけており、娘に特徴的な記号となっている衣服を身につけていないということにのみ、向けられている。ましてや、この場合、こうしたパーツがいい生地でできているのか悪い生地なのか、あるいは優美なのか、未婚の母の衣裳の一部である以上歪んでいるのかなどは、考慮されない。

この場合、つまり未婚の母のケースにおいても、こうした記号を読む能力を備えていることが不可欠である。ある村では未婚の母の記号となっている衣裳のパーツが、別の村では処女をあらわしていることもありうるからである。

同様に、地域を示す衣裳の機能も、その衣裳のかたちが他の地方の衣裳のかたちと——後者の地域の衣裳がより実用的であったりより洗練されていたりしても——異なっていることを目的としている。

社会的・性的機能をもっている衣裳は、たとえば、女性が既婚であることを示すようにと考えられている。他方、既婚女性が、（モノとしての）自分の衣裳を娘の衣裳よりも不便であるとみなしていても、どっちみち娘の衣裳を身につける資格はもっていない。

要するに、衣裳の個々の機能を検討する際に見てきたように、他の領域に定位した機能のなかには同時に衣裳そのものに属しているものもあるが、モノとしての衣裳そのものにだけ属している機能はあまりない。それにたいして、機能の多くは衣裳が指示している種々の領域にのみ属している。

だが、すでに述べたように、衣裳は諸機能からなるひとまとまりの構造をもっており、しかも通常は（テーセウスの船の帆に関する例とおなじように）、モノとしての衣裳に属する機能（たとえば実用的機能）のほかに、種々の領域に属する数多くの機能が存在しており、こうした〈諸機能からなる構造〉こそがつねに衣裳をモノであると同時に記号でもあるようにしている。

ことばもいくつかの機能をもっている。具体例をあげよう。われわれが通行人に駅への道をたずねたとしよう。そのひとは答える。そのひとのことばは記号として、道を標示してくれている。だが他方では、道についてのことばに耳を傾けながら、われわれは、答えてくれているこのひとが独特の方言でしゃべっていることに気づき、それがどこの方言かを考えたり、そのひとの社会的地位なども考えている（ヤコブソン）。

各人は、誰かと話すとき、話し相手に合わせている。村の住民に駅への道をたずねた、と仮定しよう。もしもたとえば八歳の少年がたずねたならば、農民は子どもの言葉遣いに合わせて、ある方法で説明することであろう。また誰か別の者、そのひととおなじような農民にたずねられたならば、八歳の子どもとの会話で使ったのとは異なる表現で説明することであろう。またもしもたとえば大臣がおなじような質問をしたならば、農民はまたまったく別の表現で説明することであろう。ゴーゴリの『死せる魂』では、主人公チチコフが社会のさまざまな領域に姿を見せ、さまざまな社会・経済的環境、文化的環境の人びとと会い、それらの人物にたいしてまったく異なる話し方をし、環境に合わせて作法を変えるさまが、みごとに描かれている。似たようなことは衣裳にも起こる。それぞれの衣裳はいくつかの機能をもっている。ちなみに、ときには衣裳の持ち主の意思にかかわりなく、衣裳から社会的地位も文化水準も趣味も当てることができる。むろん、衣裳は（言語と同様）、持ち主の実用的需要や個人的趣味に応えるだけでなく、まわりをも満足させ、気に入られ、まわりの要求にも従わねばならない。どんなひとも、ことばだけでなく衣裳においても、まわりに合わせている。農民が都会から故郷の村へ帰ってくると（それまで都会で身につけていた）都会風衣裳を身に着けるのをやめ、村の衣裳のみをまといはじめ、以前の都会服ゆえに集団全体から浮いてしまって村で除け者にされないようにする、という事実は民族誌学者によく知られている。

17　ふだん着の機能

つぎに、ふだん着の機能の研究に移ろう。ふだん着の研究、とくにその機能の研究は、民族誌学や社会学の最重要課題のひとつである。だが残念ながら、ふだん着に関する資料の蒐集はごくわずかにとどまっている。

手元にある資料によれば、ある地域ではふだん着は祝日の衣裳にくらべて古めかしいが、また別の地域では祝日の衣裳よりも近代的で、都会の衣裳により近い。

祝日の衣裳のほうがふだん着にくらべて都会の衣裳により近い例を、まずあげてみよう。

「ジェラヴィッェの衣裳。ふだん着は、もちろん、簡素であった。男性は白い麻製のズボン〈ノハヴィツェ〉、ときにはまた別のズボン〈ガチェ〉を身につけていた。日々のシャツは麻の縦糸か短繊維でできており、背でふつうにむすんでいた。ブーツは牛皮製で、かかとがなく、胴はやわらかくて赤の皮紐で上方が縁取りされていた。ブーツは〈ヨイキ〉と呼ばれていた。……とても不恰好なものであった」

「祝日の男性用衣裳（都会の衣裳に近い）は、ストラジニツェ産やボイコヴィツェ産の濃い青のラシャでできたズボン〈ノハヴィツェ〉であった。……それらを都会風に、ズボン吊りで履いていた。ラシャのベストは顎のすぐ下までボタンで留められていた。

フロックコート、モーニングを身につけている者もいた。頭にはシルクハットを被っていた。」

（クルヴァニャ、一二二五―一二二六頁）

したがって、以上の例は、ふだん着のほうがより古いことを示している。

他方、祝日の衣裳のほうがふだん着にくらべて古いような逆の例もある。

「コパニチャーシの衣裳。ふだん着。平日は男性は、どこかで買った服を、すりきれるまで着ているのがふつうである。老人だけは自家製の服を守っている……」(同、二〇七頁)

「男性の場合の祝日用衣裳はほぼすべてが自家製であり、それはふつう民俗衣装である。」(同)

ふだん着も美的機能をもっていることは数多くの証拠がある。ふだん着にも刺繍その他の装飾がほどこされている。

「ルハチョヴィツェとポズロヴィツェの衣裳。女性用ベストの上に、平日や雨の日には、年輩の女性たちに似て、前部にいろんな飾りのついた自由なカットのゆったりとした上着を羽織り、ヴァラキア地方とおなじように、下部や袖のまわりを、濃い青がふつうの紐やリボンで飾っている。」(同、二三三頁)

祝日の衣裳はふだん着とは異なるものの、ふだん着もまた別のかたちで控えめにではあるが飾られている例はかなりある。

「ニヴニツェの衣裳。麻の(男性用)シャツのすべてにはウールの飾りがあり、日曜日の木綿のシャツには絹の刺繍がある。」(同、一八一頁)

「一九世紀初頭には、長いスカーフのほかに四角のスカーフも身につけていた。平日は軽いもので、赤や青、黄で装飾されたものであり、冬は緑のラシャ製であった。日曜日は、やはり装飾つきだが、白いスカーフであり、アンピール様式やロココ様式の捺染がついており、「ライプ

チヒ風」とか〈カムルトゥシキ〉と呼ばれていた。」（ヴァーツラヴィーク『ルハチョヴィツェの未開拓地……』、一六四頁）

「スラヴィチーンの衣裳。女性用。祝日には、さまざまな色で飾られた白い大きなスカーフ、いわゆる「ライプチヒ」スカーフをまとっていた。平日には、白い大きなスカーフで、ズリーン、ヴイゾフ、クロボウキなどの地方の染色工がつくった白い捺染がついたものを身につけていた。」（クルヴァニャ、一三九頁）

スロヴァキアのリエスコヴェーの女性に関するデータもある。「平日は女性たちはプリント付きの色とりどりのスカート、ゆったりとした上着、〈フトゥイ〉（黒いラシャでできた細い前掛け）を身につけている。男性同様、仕事用としては都会風の衣裳をまとっている。」（フーセク、一三四頁）

いくつかの資料では、ふだん着は、一方では独自の（元来の）部分、他方ではしばらく身につけていた祝日の衣裳の部分からなっている衣裳として、記述されている。

「ホルニャーツコの衣裳。男性のふだん着は、麻のズボン〈ガチェ〉、着古したベスト、地元製の古いコート〈カバート〉、ふつうは市場で買った古い外套〈ハレナ〉、冬には羊皮製の裏打ちのあるものであった。女性や子どもも、着古した祝日の衣裳や、うしろに折り返せる前当てのついた羊皮で裏打ちしたコートを着ている……」（同、一九六頁）

ヴルチノフの衣裳の例は興味深い。男性のふだん着はふつうなのにたいして、女性のは祝日に何度か身につけた衣服である。

「ヴルチノフの衣裳。ふだん着はふつうのものである。男性は、夏には麻のものを着ており、女性は祝日に何度か着たことのある衣裳である。」(同、一七五頁)

ときおり、ふだん着の記述のなかに、特別な種類のもの――たとえば女性の仕事着――が見られる。

「女性の平日の衣裳あるいは「仕事用の」衣裳は、祝日に身につけていた部分を除いてだが、着古したさまざまな部分からなっていた。夏には仕事のとき女性はスリップと胴付きスカートだけを身につけていた。もっとあとの時代には、シャツ、スカート、前掛け、スカーフのほかに、自由なカットの短くてゆったりとした上着をつけていた。」(ヴァーツラヴィーク『ルハチョヴィツェの未開拓地……』、一七二頁)

この引用では、「祝日」に着ていた祝日衣裳の部分はもはやふだん着に属さないとの指摘も、興味深い。

いくつかの地方では、ふだん着は、ごく簡単で祝日の衣裳と異なったものであるか、あるいはまた着古した祝日の衣裳である。

「ブジェゾヴァーの衣裳。外でと同様に家で着るふだん着は、ごく簡単なものであるか、着古

した祝日の衣裳である。」（クルヴァニャ、一九二頁）

ふだん着が着古した祝日の衣裳であることの証明は、ほかにもあげられている。「ストラジニツェの衣裳。女性のふだん着では祝日の衣裳の部分がつねに利用されている。」（同、一三八頁）「ウヘルスキー・ブロトあるいはザーレシーの衣裳。フラチョヴィツェの衣裳。男性のふだん着も女性のふだん着も、着古した祝日の衣裳からなっている。」（同、一七二頁）「ニヴニツェの衣裳。ここではふだん着は、着古した服となんら違いがない。」（同、一八〇頁）「ポトホラツコの衣裳。キヨフの衣裳。この地方では、村で働いている男たちのふだん着は着古された祝日の衣裳である。だが、キヨフやそれよりも向こうに仕事を求めている者たち（鋳物工、鉱夫、大工、石工、配管工、その他）は、もはやいわゆる都会服を着ており、しばしば日曜や祝日にも都会服のままである。女性のほうはこぞって土地の服に忠実であり、その点はきわめて簡素な服装にたいしてであっても、また平日であっても変わらない。だが、都会で働いている女性だけは都会服を好んで借用しており、とくに都会の労働者や町の「紳士」に求婚されたりしている場合はそうである。下働きの女性が伝統的な衣裳をやめるのには、「女主人」が、服のアイロンがけに余計な時間を費やすといって叱りつけたことも影響した。」（同、二一二頁）

このように、ふだん着が、全体として、着古した祝日の衣裳からなっている、あるいは少なくともその部分を含んでいる証拠が、かなりある。着古した祝日の衣裳のいったいどの部分が平日に利用されているかを、民族誌学者が指摘している場合もある。しかし、着古した祝日の衣裳の個々の部分が借用される場合の原則に関しては、民族誌学者の指摘はない。民族誌学者は、祝祭日に身につけている儀式用衣裳の部分が平日に身につけられない理由を説明しているにすぎない。しかし、祝日用衣裳のすべての部分が仕事時に身につけられているわけでないことは、明らかである。ある部分は仕事着の機能を果たすのに向いていない。仕事の際に邪魔になるのである。祝日の衣裳のまた別の部分は、仕事着の部分となるにしても、大きく変えられる。たとえば、モラヴィア・スロヴァキアの農民女性が祝日に履くとても幅広のスカート（この幅広のスカートの下に糊のきいたペチコートを何枚も履く）などがそうである。あまり多いペチコートで働くことは不可能であることは明らかであり、そのため、仕事時には履かず、わずかな枚数のスカートだけ履く――糊のきいたペチコートを外側のスカートの下に一枚か二枚だけ履く。着古した祝日の衣裳を平日の仕事着にこのように適用することについては、いまここで用いている資料は何も語っていない。

問題は、仕事のなかには（草刈、その他のように）祝日のものとみなされていて、そのために祝日用の衣裳を着るものもあるために、さらに複雑になる。[41]

着古された祝日の衣裳は種々の地域でどの程度変化し、仕事用にどの程度応用されているのかという問題が、生じてくる。[42]

ふつう、祝日の衣裳はふだん着をもとにしてつくられる。祝日の衣裳とは、より良く、より華やかなふだん着にほかならない。たとえばカルパチア・ロシアでこうしたケースが観察される（スロヴァキアの衣裳の影響をこうむっていない衣裳）。

モラヴィア・スロヴァキアでは逆であり、衣裳に祝祭性を添えようとする傾向がひじょうに強く、祝日の衣裳は、ふだん着とは別に、ルネッサンス様式、バロック様式、その他の流行の影響下に、上流の社会的地位・階級の者たちがつくっていた。その際、衣裳における先行様式は考慮に入れられていなかった。[43] この祝日の衣裳は、祝日の盛装に特有の華麗さや魅力という要求を満たすとともに、労働の機能を無視していた。すでに見たように、多くの地域ではふだん着は、着古された祝日の衣裳が仕事着になったものである。まったくおなじようにモラヴィア・スロヴァキアのいくつかの村でも、祝日の衣裳が元になっていて、ふだん着は着古した祝日の衣裳を労働条件に適応させたものであることが、ごくふつうである。だが他の地域では（スロヴァキアの例）、いままさに、ふだん着が祝日の衣裳へと移行しつつある。

「北トレンチャンスコにおけるケープはおなじ発達段階にある。すなわち、その役目は天気の悪い日に女性が使うのだが、そのほかに典型的な祝日の衣服ともみなされており、そのためケープをまとってはじめて女性は礼儀正しい身なりをしていることになるのであり、ケープでもって盛装全体が補われる。」（ストラーンスカー「トレンチャンスコにおける……」、四〇頁）

ふだん着のすべての部分が祝日の衣裳の必須の部分となっている例を、もうひとつ引いてみよう。

「〈ウブルス〉（ショールの一種）はいくつかの谷ではしっかり定着したので、祝日の衣裳となっており、女性は、夏も教会にいくときには〈ウブルス〉を頭にかぶる（たとえばチチマヌイ、プルジンカ谷、ポルバ、その他の場所）。チェルニャンスカーのショールとおなじように、〈ウブルス〉は女性が以前にくるまっていた〈ポドヴィカ〉（ショールの一種で、長い長方形をしている）にとって代わり、この〈ポドヴィカ〉がすたれると〈ウブルス〉が全般的に広まっていったので、それがなければ女性は人前に出ようとはしなかったほどである。以前はそれは、寒さよけに〈ポドヴィカ〉の上からだけまとっていた。たとえばチチマニでは女性は、〈ウブルス〉が祝日にもまとわれるようになった日付を正確に伝えることさえできる。それがはじまったのは一八八六年の冬からのようで、このとき教会のまわりで説教が行われていたが、刺すような厳しい寒さの日で、〈ポドヴィカ〉だけの女性は、平日にまとっていた〈ウブルス〉にさらにくるまった。その後、〈ウブルス〉は祝日にますますまとうようになり、いまでは女性はかぶりものの上にいつもまとっているが、若い女性は祝日に〈ポドヴィカ〉だけ身につけている。」（同、四四頁）

ふだん着が、必要上、祝日の衣裳になることがときにある。

「それら〈ガチェ〉あるいは〈ドゥルレ〉は、ふだん着の一部となっているが、貧しい者は、またときにはもっと金のある者も、不作のときや困難な時期には、教会へ通う際に身につける。」（ヴァーツラヴィーク『ルハチョヴィツェの未開拓地……』、一七三頁）

祝日の衣裳が、ふだん着のうちのより高価な素材で縫われたものであって、しかもしばしば買った素材でできているのにたいして、ふだん着は自家製の生地でできているようなケースも、見られる。こうした例では、上記のこととは矛盾して、祝日の衣裳は（素材の点で）より現代的であり、ふだん着はより古めかしい。

「ボイコヴィツェの衣裳。スカートは、自家製の粗い麻の生地か襞のある木綿でできた短いものがふつうであった。大きな祝日だけは、繊細な生地のスカート〈レクニツェ〉を履き、冬には、裾に青いリボンがついた緑のラシャのスカート〈ベズラーンキ〉を履いていた。」（クルヴァニャ、一二三八頁）

「ズボンは……明るい青のラシャでふつうできており、ふだん着としては粗い白か灰色のものを（たいていは）履いていた。」（ペジンカ『モラヴィア郷土誌。Ⅱ地誌（ヴァラシスコ＝クロボウキ地方）』、ブルノ、一九〇五年、一九頁）

すでに指摘したように、また引用例からも明らかなように、ほかでもない、きわめて興味深く、かつまた重要な問題のひとつ——ふだん着の問題——に関して、われわれはあまりに短くて不明瞭なわずかの資料しか有していない。公刊されている資料をもとにふだん着の機能について断定できることは、きわめて少ない。ふだん着の美的機能について引用できたのは短くて不完全なデータのみである。すでに見たように、ふだん着においてもそれを魅力的なものにしようとする志向があらわれるが、ふだん着と祝日の衣裳を飾るのに使う素材はおなじでない。祝日の衣裳の刺繍には絹が使われ、ふだん着にはもっと簡素な素材が使われる。ふだん着がもつほかの機能——地域を示す機能、社会的地位・階級を示す機能、年齢を示す機能、その他——に関しても、データがない。部分的にわたし自身の観察、また部分的には引用した資料にもとづいていえることだが、平日の仕事着においては、祝日の衣裳とくらべた場合、労働条件にそれを合理的に適応させたり暑さ寒さから守ってくれるという機能を除くと、ほかのすべての機能は、祝日の衣裳におけるほどは大きな役割を果たしていない。残りの機能は弱くなっている。仕事にでかける女性は、地域によっては、既婚女性と区別している特別な記号を伴った娘時代の衣服をずっと着ていることもある。しかしこのおなじ地域で、祝日には、既婚女性は娘時代の服を着ては教会に行けない。[44] ふだん着は、すでに見たように、しばしば都会の衣裳の影響を受ける。都会の衣裳には祝日の衣裳のような社会的地位・階級や地域を示す機能がないためである。モラヴィア・スロヴァキアの祝日の衣裳は、美的機能、さらにはまた地域、社会的地位・階級を示す機能、その他の機能をもっている。われわれが手にしている資料にもとづいただけでは、ふだん着では祝日の衣裳とくらべた場合に、地域や社会的地位・階級、年齢を示す機能やその他の機能がどの程度弱いか、またどの程度あらわれているか、といった問題を解決することはできない。

別の視点から公式化するならば、ふだん着とはまず第一にモノであるのにたいして、祝日の衣裳はもっぱら記号であるともいえよう。ふだん着においては実用的機能が支配的機能となっているのにたいして、祝日の衣裳では、美的機能のほかに、地域を示す機能、社会的地位・階級を示す機能、その他の諸機能、つまり衣裳そのものにではなく衣裳が指示している種々の領域に属する機能が、大きな役割を演じている。

ふだん着に関する正確なデータが不足しているため、わたしが扱う範囲も著しく狭くなっている。週に一度（儀礼や婚礼、葬礼の服の場合ならもっとまれに）身につける衣裳の機能は、まだなんとか細かく検討できたが、ともかく資料不足ゆえに、週の残りの六日間にわたって身につけている服の機能の研究はあきらめざるをえない。

18　衣裳の形態と機能の相互依存。衣裳の変化は生活構造全体の変化の一部である

われわれは、手元にある資料から判断できる範囲内で、衣裳の諸機能を、それらの構造的相

互依存関係において分析してきた。衣裳の機能は、衣裳をまとっている者たちの志向の表現となっている。衣裳の機能には、まるで小宇宙におけるがごとくに、それを身につけている者たちの美的、道徳的、民族的見解が反映されており、それらの見解の強度も反映されている。もちろん、衣裳を、それをまとっている者たちの道徳の表現とみなすには、衣裳の形態に反映されている倫理観、あるいはまたあれこれの衣裳を身につける権利をもっている者、いない者に反映されている倫理観だけでなく、その民族全体の倫理観を知っていなければならない。他方、衣裳の機能には、衣裳の外部では明白でないような倫理観のいくつかの特徴もあらわれる。未婚の母が未婚女性の衣裳を着ることの禁止にとくに反映しているような、未婚女性の衣裳を着る規則の遵守のための闘い、われわれの見地からすれば仮借なき闘いには、性道徳にたいするスロヴァキア人の見解が明瞭にあらわれている。

つまり、衣裳の機能には美的観念、道徳的観念、その他の観念が反映されているのである。衣裳の形態と衣裳の機能（あるいはより正確にいえば機能構造）は、たがいに条件づけあっている。[45]

もっとも明瞭にあらわれているのは、衣裳の形態と衣裳の支配的機能との相互規定性である。機能構造全体のなかで重要な役割を果たしていない機能は、衣裳の形態のなかにさほど鮮明にはあらわれない。祝日の衣裳であることを主要な機能とする衣裳においては、その祝祭性を強調したディテールがとりわけ明瞭に表現されている。こうした祝日の衣裳でなんらかの仕事をしなければならない以上は（衣裳の労働的機能）、衣裳の形態が仕事の妨げになるようでは困るのだが、むろん、祝日の衣裳を労働条件に適応させるためのディテールは、衣裳の祝祭的性格を示しているディテールや、あるいはまた仕事着において仕事の用途に合っているディテールなどにくらべれば、それほど目立つものではないであろう。

衣裳の形態はその機能に依存しているが、機能もまたその形態に依存している。ある衣裳によって表現されやすい機能のなかには、別の衣裳によっては表現が困難、あるいはまったく不可能なものもある。

衣裳の交替と同時に、元の衣裳の機能のすべてが跡形もなく消えてしまうわけではない。すでに見たように、かぶりものを、櫛をつけた都会風の髪形に変えた農民女性は、櫛の色だけは、都会の女性とちがうようにしようとしていた。社会的地位・階級の違いも農民女性によって明瞭に意識されており、彼女たちの衣服は都会の女性の衣服ととても似ているにもかかわらず、社会的地位・階級を示そうとする傾向は相変わらず残っている。経済システムの変化は衣裳に変化をもたらしたものの、都会と農村との社会的地位・階級の対立は排除しておらず、こうした対立はいわば新たな発現形式を求めており、それらの形式を新しい衣服の形式のなかに見いだしている。[46]

衣裳の変化は、生活構造全体の変化——衣裳に新たな機能の出現をもたらすような変化——の一部分にすぎない。また、数々の機能をもつ衣裳も生活の一般的構造——とりわけ民族の世界観や経済システム等々にもとづいている構造——の一部分にすぎないために、構造がすっかり変化してしまうと、その構造の一部分を人為的に保っておくことなどできはしないであろう。したがって、古い衣裳をなんらかのかたちで保とうとするいかなる試みも、生活の一般構造のなかにそのための条件がないならば、失敗におわるであろう。趣味が変わったり都会の安価な衣服が押し寄せたときにかたくなに個性を守ろうとした人々が古い衣裳を保てなかったのとおなじように、一般構造が別の形態を要求しているときには「伝統的文化[47]」も保てはしないであろう。[48]

19 〈諸機能からなる構造〉の機能（「わたしたちの衣裳」）

物理的現象や心理的現象にたいする構造的研究が結論づけているところによれば、構造的にむすばれた諸事象はこれら諸事象の総体とはまったく別物である。構造的にむすばれた事象A、B、Cは、個々の事象A、B、Cのなかには存在しない特殊なものとなっている。種々の分野に大きな成果をもたらしているこのきわめて実り多い発見（Gestaltqualitätを参照）は、民族誌学的事象の研究に際してもまちがいなく効果を発揮することであろう。実際、いわゆる「プリミティヴな」民族の作品を理解するためには、この作品が独特の構造となっていること、すなわちそこには合理的、美的、宗教的創造の諸要素が含まれていることを忘れるべきでない。これらすべての混合物の最終的結果が、ヨーロッパの一科学者の活動やヨーロッパの一詩人の創作活動、さらにはまたヨーロッパの一聖職者の創造行為などとは異なる、ある種の新しい創作活動を、生みだしているのである。現実に病人を助けている治療魔術師（たとえばシャーマン）を――病人への催眠的作用や（呪文歌や呪術的踊り、その他のような）美的創造と組み合わせての、植物やその他の民間医療薬の化学的成分の合理的使用にもとづいている――彼の活動のコンテクストから切り離し、合理的原則にのみ従って治療せよと命じられたら、彼はまったく治療できなくなるか、あるいはまた合理的原則にもとづかねばと治療に失敗するであろう。彼の治療活動や活動全般のシステム全体が、もっぱら合理的な基盤に立って治療するヨーロッパの医者の活動とは根本的に異なるのである。治療魔術師の活動には、合理的な活動とはくらべられない固有の何か特別なものと、純粋に呪術的な活動と、美的な創造、その他が含まれている。

儀礼歌の研究の際に観察されているところでは、呪術的機能が美的機能と構造的にむすびついているが、人びとの意識のなかでは構造全体は、呪術的機能と美的機能の総計に還元できない特別な機能をもっている。

つぎに、衣裳の機能の構造的研究に関する問題に移ろう。この場合も、諸機能からなる一般構造は、個々の要素として構造全体を形成している個々の機能とは異なる独自の機能をもった全体となっている。この機能は人びとのあいだではときおり「わたしたちの衣裳」と名づけられている。それは地域を示す機能だけを意味しているのではなく、構造全体を形成している他のすべての機能からは導きだしえないなにか特別な機能を意味している。言語の場合に言い換えるならば、母語は、「わたしたちの衣裳」とおなじように、〈諸機能からなる構造〉の機能をもっている、ということになる。わたしたちがそれを他の言語よりも好むのは、それがわたしたちの思いを表現するのに実用的にもっとも便利であるとみなしているからだけではないし、またそれがわたしたちにとってもっとも美しい思われるからだけでもない（わたしたちの母語も、わたしたちの衣服も、わたしたちがいちばん美しいとみなしているとはかぎらない。逆に、他者の言語も他者の衣服も、よりエキゾティックなものとして、より美しくみなされることがある。さらには、母語も民俗衣裳も実用的観点からもっとも便利であるとみなされているとはかぎらない。言語はある国において思いを表現するには不便なものとなっていることもあるし、民俗衣裳が仕事に不便なこともある）。母語は、「わたしたちの衣裳」と同様、わたしたちにもっとも身近なものとして好まれるのであり、〈諸機能からなる構造〉の機能もまさにこのようなものとしてあらわれ、意識される。〈諸機能からなる構造〉の機能は、地域を示す機能にもっとも近いが、それらのあいだには根本的な違いもある。地域を示す機能が支配的な衣裳は他のすべての地域の衣裳に無条件に対立しているのにたいして、「わたしたちの衣裳」はそれを身につけている者たちに近しいものの、こうした対立はない。それどころか、「わたしたちの衣裳」が衣裳の〈諸機能からなる構造〉の機能を具現化している一方で、その衣裳が地域を示す機能も民族を示す機能ももっていないこともある。広い地域にわたって或る民族が、別の民族に属する隣人たちとまったくおなじ衣裳を身につけている土地ではこうしたことが起こりうる。「わたしたちの衣裳」が社会的地位・階級を示す機能をもつのも、やはりいつもそうとはかぎらない。他方、地域を示す機能も社会的地位・階級を示す機能も、「わたしたちの衣裳」が機能を具現化している〈諸機能からなる構造〉において、しばしばきわめて重要な役割を果たしていることもまた、まぎれもない事実である。

「わたしたちの衣裳」を分析してみると、鮮明に表現された情緒的ニュアンスが伴っていることがわかる。このニュアンスとはどういうものであるかを確かめておこう。いわゆる「プリミティヴな」民族の生活を観察すると、そこでは衣裳はそれを身につけている者ときわめて密接な関係にある。[49] だが、似たようなことはヨーロッパ諸民族の数多くの呪術的行為にも見られる。誰かを意のままにせんがために、その者の髪や足跡、衣服などにたいして呪術的行為をおこなう。このようにして、ヨーロッパの諸民族にも、ひとの衣裳がそれを身につけている者と切っても切れないほどの関係があるという信仰が見られる。人間とその衣服との近さに関するこうした前提に相応するかたちで、「わたしたちの衣裳」にたいする集団全体の関係もできあがっている。「わたしたちの衣裳」は集団の個々の成員それぞれに近しい。それは、個々の成員それぞれに集団そのものが近しいのと同様である。また、村の集団全体と集団の個々の成員との相関関係は、場所によってはすこぶる明瞭にあらわれる。集団を異にする者たちが衝突するときや、ある集団が他集団を嘲笑したり侮辱しなければならないときには、その記号――衣裳、言語、その他――にたいしてしばしば侮蔑的態度を表明するだけで十分であり、またそのために、他方では、自分の衣裳や言語、その他の保護に立ち上がろうともする。[50] こうしたことは、「わたしたちの衣裳」にたいする情緒的態度について物語っており、それは〈諸機能からなる構造〉にもとづいただけでは説明しきれないであろう。このようにして、「わたしたちの衣裳」とは、「〈諸機能からなる構造〉がもつ機能」＋集団が衣裳にたいしてとっている態度のゆえに生じてくる「情緒的ニュアンス」にほかならない。「わたしたちの衣裳」という概念の中身は、歴史上のさまざまな時期で異なってこよう。「わたしたちの衣裳」なる概念に伴う「情緒的ニュアンス」も、時代しだいで異なってこよう。歴史上のおなじ時期においても、住民層がちがえば、〈諸機能からなる構造〉や、〈諸機能からなる構造〉の機能、「わたしたちの衣裳」という概念に伴っている情緒的ニュアンスは、別のものとなろう。たとえば流行服の〈諸機能からなる構造〉が伝統的衣服の〈諸機能からなる構造〉と異なることは、明らかである。そのほか、あらゆる衣服が、その者に近しくて、その者や集団と親密にむすびついているように感じられるわけでは、けっしてない。(ことに、宗教的機能が支配的な衣裳のように)個々の部分なりとも不変なままにとどまるような傾向をもっていて、こうした傾向ゆえに集団――この衣服を身にまとう者――の不可欠な部分とみなされているような衣服だけが、情緒的態度を引き起こすことであろう。また逆に、流行に従属していて、速やかに変化していく衣服は、それゆえに、集団と緊密にむすびついた衣服とは受けとめられえず、いうなれば、それは集団の個々の成員の身体や集団全体の「社会的身体」と「癒着」できない。

一方では、民俗衣裳の〈諸機能からなる構造〉、民俗衣裳の〈諸機能からなる構造〉の機能、「わたしたちの衣裳」なる概念に伴っている一定の情緒的ニュアンスなどの分析、また他方では、流行服の〈諸機能からなる構造〉や、そうした服の〈諸機能からなる構造〉の機能の分析は、流行服と比較して民俗衣裳が独特のものであることを示している。

こうしたことが改めて強調しているように、これらの民族誌学的事象は、社会学者が都市の生活現象を研究したり、村が都市とまったくおなじように体験している――村の生活のうちの――社会的現象を研究する際にたずさわっている事象と比較した場合、独特のものである。

「村の集団における母語」なる概念を「都市住民の母語」なる概念をくらべてみると、〈諸機能からなる構造〉は、「母語」の〈諸機能からなる構造〉の機能とおなじように村と都市では異なるであろうものの、いずれにおいても「母語」なる概念は似たような情緒的ニュアンスで彩られていることであろう。このことは「母語」なる概念の本質そのもので説明がつく。「母語」には、村の住民や都市の住民が緊密かつ親密にむすびついているのである。

わたしが「わたしたちの衣裳」なる概念を細かく見てきたのは、この概念は民族誌学者や社会学者の大いなる注目に値すると考えるからである。「わたしたちの衣裳」という概念には、「わたしたちの言語」や「わたしたちの文学」、「わたしたちの芸術」、「わたしたちの文化」、「わたしたちの社会的地位・階級」、さらには「わたしたちの民族」などと多くの共通点がある。これらの概念すべてを分析する際には、それらの特徴となっている〈諸機能からなる構造〉だけでなく、集団と一定の社会的事象が継続的に近しく接触した結果生じる情緒的ニュアンスも考慮に入れなければならない。

むろん、これらすべての概念の中身は時代しだいで異なってこよう。〈諸機能からなる構造〉も、〈諸機能からなる構造〉の機能も、「わたしたちの言語」や「わたしたちの文学」、「わたしたちの芸術」、「わたしたちの文化」、「わたしたちの民族」、「わたしたちの社会的地位・階級」、その他の概念のそれぞれに伴う情緒的ニュアンスも、さまざまであろう。

これらの概念のこれ以上の分析は、いまここでわたしの目的とするところではない。わたしとしては、衣服のような社会的対象の機能的分析ですら、隣接する数多くの問題へとわたしたちを導きうるのであり、また一般的に興味深いきわめて緊要な問題の研究へといざないうることを、示したかっただけである。

20 〈諸機能からなる構造〉と個々の機能の相互依存——機能的方法が民族誌学者の扱う資料を拡大させる

〈諸機能からなる構造〉の機能を意識したとしても、農民が衣裳の個々の機能、たとえば地域を示す機能や美的機能、社会的地位・階級を示す機能に気づく妨げにはならない。観察者の観点からすれば当初の個々の元素がそれらが結合してつくる新たなもののなかで溶け合っているかに思われるような化学化合物と（水においてはわたしたちは水素の特徴も酸素の特徴も見分けられない）、個々の機能が区別可能な〈諸機能からなる構造〉との本質的な違いは、この点にある。しかし、〈諸機能からなる構造〉の機能はつねに支配的な機能であるとはかぎらない。衣裳の機能をたずねると、農民たちはまず第一に美的機能、あるいは実用的機能、さらにはまたなんらかの機能をあげるのだが、ただし〈諸機能からなる構造〉の機能はあげない、つまりその衣裳が他の機能よりも〈諸機能からなる構造〉の機能のほうに近い、と答えるなど思いもよらないことが、よくある。

文の意味は、文が含んでいる諸単語の意味に依存しているが、他方では、個々の単語の意味は文全体の意味に依存している。おなじことは衣裳の〈諸機能からなる構造〉にも見られる。衣裳の〈諸機能からなる構造〉も、衣裳の〈諸機能からなる構造〉の機能と同様、一定の地域において祝祭の衣裳の場合とふだん着の場合では異なったものとなろう。きわめて明らかなように、もしも〈諸機能からなる構造〉に——この構造の諸要素の構成は〈諸機能からなる構造〉の機能も規定している（たとえば祝祭の衣裳で）——、とりわけ祝祭の機能、美的機能、地域を示す機能が含まれているならば、この構造は実用的な機能が支配的であるような構造（ふだん着）とは本質的に異なったものとなろう。しかし、さらには、構造全体も個々の機能の中身と強度を規定している。美的機能の中身と強度は、祝祭の衣裳が呈しているような構造においては、ふだん着の特徴となっている美的機能の中身や強度とくらべれば、別のものとなっていよう。

このようにして、〈諸機能からなる構造〉と（またそれとともに、〈諸機能からなる構造〉の機能も）、衣裳の個々の機能は、たがいに規定しあっている。

機能的構造は、有機的な全体であり、特殊な体系となっている。まさにそれゆえに、諸機能のうちのひとつの消滅や強度の変化、あるいは構造への新たな機能の挿入は、構造全体に変化をもたらす。こうした変化はさまざまであり、ひとつの機能の弱化がその構造に加わっている他のすべての機能の弱化に至ることもあれば、ひとつの機能の弱化に伴って別のなんらかの機能が強まることもあるが[51]、いずれの場合も構造全体が変化する。

いま一度断っておくが、わたしの課題にはモラヴィア・スロヴァキアの衣裳の完全で網羅的な記述は入っていなかった。わたしは衣裳研究の新たな方途を示したかったにすぎない。スロヴァキアやカルパチア・ロシアの衣裳に関する資料が部分的にしか使われていないのも、このためである。

わたしの考えるところでは、民族誌学における機能的方法によって、新たな側面から素材に証明をあてられるだけでなく、民族誌学が研究すべき素材自体をも広げられる。衣裳の発生と歴史上の発達を研究する民族誌学者にとっては、衣裳が研究対象として現存していることが必須である。衣裳の消滅とともに、観察者たる民族誌学者としての活動はとまり、程度の多少はあれ博物館の蒐集物に依存することになる。こうした資料を補い、調査することはますます困難になっていき、場合によってはまったく不可能となる。しかし、村の衣裳の機能的研究の場合は、問題はまた別である。民俗衣裳の機能は、以前の衣裳のどのディテールも保たれていない場合ですら、あるいはまた村の衣裳が都会の衣裳と完全に融合している場合ですら、つねに観察可能である。民族誌学者の前には、村の衣服がその形態や素材を変え、都会の衣服と近くなったり完全に一体化したあとにどのような機能を獲得しているかを、明らかにするという課題が生じている。たとえば、第一次世界大戦前のロシアの村ではオーバーシューズが大流行であった。しかし農民、主として若者は、それを、泥でよごれるの防ぐためではなく、祝日や天気のいい日に履いていた。都会でのオーバーシューズの主要な機能となっているのは、足が濡れたり汚れたりしないためであるのにたいして、村でのオーバーシューズの主要な機能となっているのは美的機能である。どの美男子もオーバーシューズを履いている。

みんなはオーバーシューズを履くと美しい、
だがわたしの愛しいひとはオーバーシューズなしでも
　きりりとして美しい

と歌にうたわれている。

旧式の方法で研究している民族誌学者にとっては、オーバーシューズは村の衣裳の研究の一部分となるような対象ではない。だが、衣服の機能を研究する民族誌学者にとっては、オーバーシューズは、美的機能が主要な機能であった時代のエナメルブーツや「絵付きわらじ」と同様に、興味深い。

機能的方法を利用する民族誌学者は、現代の都会の衣服を研究している社会学者に豊かな資料を提供している。また他方では、民族誌学のほうでも社会学が手にしている成果のあとを追い、またそれらを利用することが不可欠であることも、いうまでもない。

21 フォークロア（呪術、民話、歌謡、まじない）や村の建物、農機具、その他の物質文化の品々の研究における構造的・機能的方法

本書は衣裳の機能と機能的構造の検討にあてられたものであるが、しめくくりに、民族誌学者の関心を、衣裳以外の民族誌学的材料をもとに諸機能[52]とそれらの〈諸機能からなる構造〉を研究する場合に生じるきわめて興味深い問題に、向けておきたい。村の建物を例にとってみよう。村の家やそのディテールがもっている実用的機能のほかに、ここにはその他の機能——美的機能、呪術的機能、地域や社会的地位・階級を示す機能、その他——も見いだされる。農民の家はモノであるだけでなく記号でもある。地域によってはすでに昔から、家の外見だけが、その持ち主の所属民族や経済的、社会的地位などを示していた。[53]

村の家の家具、家の壁のさまざまな飾りは、実用的な用途をもったモノであるだけではなく、その持ち主たちの宗教、地域、社会的地位・階級などを示す機能をもった記号にもなっている。[54]

農作業に必要な用具は、モノであるだけでなく記号にもなっている。ときには、もっぱら実用的な機能をもったモノにおいて、美的機能が実用的機能よりも優勢であり、モノが記号にの

みなっていることもある。この端的な例としてあげられるのは、下着を洗う際に用いられる小さなたたき石で、鏡のかけらで飾られた色あざやかなものである。これを、慣習により、スロヴァキアのいくつかの村では花婿が花嫁にプレゼントする。それはこのようなかたちで飾られているために、洗濯の際に使うことができない。したがって、花嫁にたいする花婿の愛の記号――しかも、このようなプレゼントをもらった女性はいまや妻であるということを指示する、社会的性格の記号――とみなすほかかない。実用的機能しかもたない用具もいくつか存在するが、村の生活を観察していると、モノの実用的機能だけでなく、それらの美的機能、地域を示す機能、その他の機能にも出くわす。くびき、手綱、荷車、そり、その他を思い起こされたい。これらのモノは、実用的機能以外に、美的機能ももっている。

地域を示す機能を特徴としている、家のかたちやそのディテールは、同時にまた実用的機能ももっている。他の地域の家とはかたちが異なっている、ある地域の家の構造のなかの多くのものは、この家の建築形式を他の地域の建築形式と区別するだけではなく、建築を一定の地理的・気候的条件にもっとも合理的に合わせることをも念頭においている。

当然のことながら、家の研究の際にも、村の用具の研究の際にも、その対象の個々の機能の研究に限定すべきでない。構造をなしている諸機能すべてを研究することが不可欠である。それらの構造的研究によって、個々それぞれの機能もはるかに的確に説明できるようになる。その用具がどれほど重要な実用的機能を果たしているかを知っていてはじめて、わたしたちはその持ち主がそれにいかに愛着をもっているかや、持ち主がそれを飾ろうとする熱意も理解できよう。用具それぞれの実用的使途をつぶさに知ってはじめて、そのどのような部分が、どの程度に、どのように飾られうるのか、どの部分が用具の実用的利用の妨げになる場合に装飾してはならないのかを、確信することもできる。

フォークロア研究に移ろう。この分野においても、機能的方法が新たに広い展望を開きつつあるように思われる。

民話の形式的記述はあいまいである。一方では、かなり広い記述になっていて、民話の蒐集は幻想的な話から相当に離れた種類の物語（たとえば歴史的内容の民話）も含んでおり、また他方では、こうした記述はあまりに狭隘で、英雄叙事詩《ブィリーナ》を含んでいない。

機能にもとづいて口承の物語を分類するだけでも、民話の材料にまた別な照明をあたえるにちがいない。たとえば、美的機能以外に実用的機能（子どもをあやしたり、ときには眠らせる）ももった子ども向け民話の機能を研究することによって、それらの民話を子守唄と近づけることができよう。他方、冒険物語も機能的研究の材料となりうる。そこには、幻想性のほかに、半科学的性格の物語的要素も見いだせよう。

民話の〈諸機能からなる構造〉の研究は、民話の個々の要素の機能がなにであるかということに関しても、多くのことをわたしたちに説明してくれることとであろう。それは、さらにはまた、民話が美的機能以外に半科学的作品や半科学的に近い作品の機能をもっていることを明らかにできる以上は、民話の文体の説明にあたっても大いに助けとなるであろう。

儀礼歌の研究においては、研究者は美的機能だけでなく、呪術的機能、地域や社会的地位・階級を示す機能、等々をも考慮に入れねばならない。

すでに言及した著書、ブリンゲンマイヤー『共同体と民謡』のC章「記号としての歌」（一〇七―一一三頁）には、民謡がそのとき村でどのような儀礼がおこなわれているかを示す記号になっている例が、数多くあげられている。「『かれの名を称えよ』という歌がひびいていたならば、遠くの村々の住民にとってはその歌は、聖別の儀式がおこなわれていることを知らせる信号となりえたのであり、それは、婚礼の日に大砲を打つことによって祝典がおこなわれていることを共同体全体に知らせるようなケースに似ている。このようにして、歌の意義は、指示、記号的性格にある」。まったく正しいアプローチによって著者がさらに示しているところによれば、村でどのような祭日――復活祭、クリスマス、等々――が祝われているか、歌から判断できる。

種々の機能がまとまって構造となっていることを示す明瞭な例のひとつは、まじないである。まじないは美的機能を特徴としており、そのことは多様な詩的文彩に満ちた強調された形式が物語っている。しかしそのほかに、まじないの催眠的機能――病人にまじないをかけ、ふつう催眠療法医師が望むような状態へと病人を導く機能——も判然としている。

呪術におけるモノの機能も大きな役割を果たしている。[55]

フォークロア研究者にとってひじょうにやりがいのある課題のひとつは、ことわざをその記号的側面から研究することである。ことわざは時代しだいでさまざまな機能を有している。当初の意味を失い、新たな意味を獲得することもよくある。ことわざにはことばの場合とおなじようなことが生じた。ロシアの方言で cher ami「いとしき友」が罵倒の「シェラムイガ（ペテン師）」になったように、「神にあげるろうそくでもなく、悪魔にあたえる火掻き棒でもない」が宗教的な意味を失い、それを発する者は火掻き棒が悪魔とむすびついている理由など考慮しないこともある。無神論者が発すればこのことわざは、「どこといって取り柄がない」という意味になりうる。

こうしたことは、民族誌学の種々の分野において機能・構造的方法が提供している可能性がいかに大きいかを示さんがためのいくつかの例にすぎない。[56] 民族誌学者の前には、耕作者を待っている未開墾地が横たわっているのである。

注

1　多くの点で、民俗衣裳は流行に合わせた衣服と対照的である。流行の衣服の基本的傾向のひとつは、変化しやすいという点にあり、また新しい流行服はそれ以前のものと似ていてはならない。これにたいして民俗衣裳の傾向は、変化しないことにあり、孫たちは祖父母とおなじ衣裳を身につけねばならない。もちろん、あくまでもこれは流行服と民俗衣裳の基本的傾向でしかない。実際には、われわれも承知しているように、民俗衣裳もたえず不変ではなく、やはり流行の要素も含んでいる。民俗衣裳と流行服とのもうひとつの基本的相違は、つぎの点にある。すなわち、民俗衣裳は集団の検閲を受けるのであり、衣裳のなかの何を変えてよいか、いけないかを集団が指示する。流行服のほうは仕立て屋の考えに依存している。……ただし、これもあくまでも傾向でしかない。実際には、民俗衣裳も流行の影響は受け、そのため流行をつくりだした者たちの意思しだいで変化する。また、流行も集団の検閲を考慮しないわけにはいかない。集団の検閲を考慮に入れない仕立て屋が縫った服は、都会でも受け入れられないかもしれない。［検閲については本書所収の「フォークロア研究と文学研究の境界画定の問題に寄せて」を参照――訳者］

2　ガゲン＝トルンの適確な比較に従うならば、「衣服とは、そのひとの種族、階級、性の所属先を示すパスポートであり、社会的価値を特徴づけているシンボルである。」（N・I・ガゲン＝トルン「ソ連邦の民族誌学における衣服研究の方法に寄せて」『ソヴィエト民族誌学』、一九三三年、三―四号、一二二頁）

3　J・ヴイドラ『衣裳の科学』、プラハ、一九三一年、国立出版所、一五頁。

4　ハナーの人びとの例では、「このようなかぶりもので耳までおおった娘は、年老いた女性のように見え、こうした格好のせいで頭は痛み、何も聞こえないくらいである。」（J・ズボジル「プロスチェヨフ近くのレシャニにおけるハナーふう衣裳はいかにして消えたか」『チェコの民衆』、第二八号、プラハ、一九二八年、二一〇頁）。ボガトゥイリョフ「構造民族誌学のために」（『スロヴァキア文集』、ブラチスラヴァ、一九三一年、二七九—二八〇頁）も参照。

5　ヴイドラ、一八頁、八二頁。信者たちの特殊な教会・礼拝用の衣服の明瞭な例は、ユダヤ人にも見られる。

6　日曜日の特別な髪型を参照。「髪は後部で〈レリーク〉と呼ばれるかたち（お下げ髪の一種）に編まれるが、ドルニー・ルホタやスロプネーでは五本に分けて編まれる。日曜にはときとして二本に編まれ、音楽に合わせて一本だけ……」（ヴァーツラヴィーク『ルハチョヴィツェの未開拓地。ヴァラシスコ［ヴァラキア］とスロヴァーツコ［スロヴァキア］とハナーに囲まれた民族誌学上の辺境の研究』、ルハチョヴィツェ、一九三〇年、一六一頁）

7　故人を棺に納めるときにまとわせる特別の衣服が存在する民族もある。この種の特殊な女性用シャツについては、アキモヴァ「サラトフのチュヴァシ人における女性の衣装の進化、I、シャツ」（『郷土誌学ニジネ・ヴォルガ地域研究協会論集』三五号、第五部「民族誌学部門」、サラトフ、一九二八年）、三二頁を参照。

8　以下を参照せよ。「いくつかの場所では、儀礼用喪服として使用される肩掛けが——たとえばソルブ人においては——保たれている。」（ストラーンスカー「トレンチャンスクにおける肩掛けの研究、スロヴァキアの衣裳の研究より、II」『チェコスロヴァキア民族誌学報』、三二号、四〇頁）

9　「婚礼服は教会での二度目の結婚予告の日にはすでに着ている。結婚予告では花嫁は頭をリボンで飾っている。リボンにはさらに一切れの布も添えられている」（クルヴァニャ、一九四頁）。花嫁の独特な婚礼衣裳に関しては同書、一九五頁、二一七頁を参照。

10　新兵を他の若者から区別する別種の飾りもあった。「ポドルジーのブジェッラフあるいはポドルジー全体の衣裳。新兵の帽子には、花のあいだに扇子状

に、王と、王冠をいただいた王子、王女などの絵が配置され、リボンをいっぱい垂らしていた。」（クルヴァニャ、一五九頁）

以下を参照せよ。「コブイリーでは、新兵は帽子の羽根飾り〈コサールキ〉をつける権利をもっている。彼らが応募申し込みから帰ってくると、入隊を許可された者は許可されなかった者からすべての〈コサールキ〉を奪いとって、自分たちの軍帽につけ、声高らかに歌う。」（アウグスタ・シェベストヴァー『民俗資料とその民族誌学的注釈』、オロモウツ、一九〇〇年、一八〇―一八一頁）

興味深いことに、すでに軍務経験のある者たちの衣裳には、彼らをほかの若者たちから区別できる記号もあった。

「少し年長の若者や軍務経験のある者は、さらに、絹の黒いスカーフを首に巻いて、両端を長く垂らしていた。」

11 「ストラーニーの衣裳。花婿の婚礼衣裳は「ファシャンチャージ（謝肉祭の参加者）の衣裳とおなじであるが、ただし、つばの広い帽子には造花でつくった大きな平たい〈ヴォニツァ〉がつけられている。」（クルヴァニャ、一九一頁）

12 スロヴァキアでは村の粉屋は、農民がまだ伝統的な衣裳を身につけている場合でも、ふつう、都会風の服装をしている。

13 ヴイドラ、一九頁を参照。

14 参照せよ。「リトムイシルとヴイソケー・ムイトの近郊や、フルジムスカでは、既婚女性は金を貼った婚礼帽を被り、貧しい女性はただの白い婚礼帽を被っていた。」（ヴイドラ、一四一頁）

15 同一衣裳が社会的地位・階級を示す機能と儀礼的機能を合わせもっていたことの証明のひとつは、南モラヴィアの資料に見られる。

〈コジフ〉と〈ハレナ〉。八八歳の老人――「……わしがまだ子どもの頃、コブイリーにはかかとまでもあるような長い上着が五着あった。金持ちがそれを着ていた。(おそらく、儀礼用衣裳としてではない——ボガトゥイリョフ)。ほかの者たちは、婚礼の付き添い人になったときや、洗礼式、葬式などのときに、金持ちからこの衣裳を借りていた。キリスト聖体節に天蓋を運んでいた者もそうした衣裳を身につけていた。」(シェベストヴァー、一七五頁)

この例から明らかなように、ふたつの機能が事実上ひとまとまりになっている。すなわち、金持ちは祝日などに衣裳をひとに貸し、そうすることによって彼らの衣裳は儀礼的機能を果たしていた。

16 ストラーンスカー「民衆の農耕風習」(『チェコスロヴァキア民族誌学報』、二四号、一・二部)、六六頁を参照。「病気になった者は、女性の裾(肌着の端)でこするとよい。そうすれば、病は消える(モラヴィア・オストラヴァ)。」(K・J・オブラーチル『クリプタディア』二、私家版、プラハ、一九三三年、九三頁)と比較せよ。

17 ゼレーニン『ロシア(東スラヴ)民族学』ベルリン、ライプチヒ、一九二七年、六六—六七頁。ストラーンスカー「民衆の農耕風習」、六四—六六頁。

18 「衣裳を保存することにより、それを身につけている者たちが自分の民族の権利を守っていることがよくある。たとえば、優勢なチェコ的現象に抵抗している、ヴイシコヴェツ近くのドイツの村々ではそうしたことが生じている。またスロヴァキアでは、スロヴァキア人が自分たちの衣裳を守ることによって、ハンガリー人と闘っていた時期があった。」(ヴイドラ、一二九頁)

19 「民族解放ゆえに、民俗衣裳への愛が高まり、村では人びとが衣服でもって自分たちの市民的・政治的平等を主張し、民族的・社会的地位・階級的意識を示すようなこともあった。古い民俗衣裳の製造に要するかなり大きな支出がなかったならば、第一次世界大戦後の民族復興はむろんもっと大規模にこうした衣裳ルネッサンスのなかにあらわれていたであろう。……なにしろ、衣裳をつくるのに必要な材料を買い揃えて仕立てるにも、村の古くからの仕立て屋が死んだり、転業してしまっていた。大工場でさえ、衣裳を仕立てる必要条件をすべて満たすことはできなかったので、伝統に適った様式から多くのものが失われた。もっとも重大な損失は、村の住民の忍耐強さと勤勉である。彼らは冬中、衣裳を縫い、仕立てていたのである。……アントニーン・ヴァーツラヴィーク（ヴァーツラヴィーク『チェコスロヴァキアにおけるポドゥナイ村』、ブラチスラヴァ、一九二五年、一八五頁）は、民族解放は民族衣裳の伝統に打撃をあたえたとみなしているが、その結論を裏づけるものをなんら添えていない。」（フーセク、一一八頁）

フーセクの著書にたいする書評を参照（ヴァーツラヴィーク「フーセク――「モラヴィア・シレジアとスロヴァキアの境界」、『モラヴィア協会報』、五七号、ブルノ、一九三三年、三三八頁）。

ヴィドラが記しているところによれば、「革命による民族解放、社会的な平等化、教育程度の向上、もろもろの進歩――こうしたことすべてが、社会や教育面での差異を均したのであり、衣裳における差異の速やかな消滅の理由ともなっている。」（一三九頁）

20 「裕福であることは、衣裳の発達にも影響をあたえた。たとえばランジホト製のポドルジー谷の衣裳は、色彩の多様さ、高価な技術処理、芸術的美しさで際立っているのにたいして、ホルニー・スルニーの貧しい住民のホルニャーツコ製衣裳はかなり貧しい。」（フーセク、一一〇頁）

21 シクロフスキイ『チュルコーフとリョーフシン』、レニングラード、一九三三年、一五頁以下。

22 より詳細にはこの問題は、拙論「民族誌学的地理学の問題によせて」で解明されている（『スラヴィア』、七号、プラハ、一九二八―一九二九年、六〇七―六〇八頁）。

23 「農民はそれら（衣裳）を守っており、自分たちの社会的地位・階級の誇りと名誉の対象とみなしている。」（ヴィドラ、一三八頁）

24 フーセク、一三一頁も参照。

25 都会ではこうした機能を婚約指輪が果たしている。興味深いことに、村では既婚者を意味する婚約指輪はほとんど役割を果たしていない。区別の機能は衣裳の違いが果たしている。

26 南モラヴィアの資料も、羽根は一五歳以上の未婚男性だけがつけることができたことを示している。羽根は青年であることや男性的な力強さの記号であった。

「羽根はときおりつけられていたが、それを大胆につけていたのは力持ちだけだった。……八〇キログラム以上の穀粒をひとりで肩にかつげる者だけが大胆に羽根をつけることができた。（一五歳以下で）力持ちでない者は年長者にぶん殴られ、蹴られ、すごすごと帰っていく。私が少女だった頃――たぶん、一五歳のとき――、羽根をもとめての喧嘩があった。いろいろな飾りのついた帽子がテーブルに並べられ、闘いがはじまった。敵を地面に投げつけた者に、帽子も羽根もあたえられた。」（シェベストヴァー、一八〇頁）

27 南モラヴィアでは、「黄色の皮製ズボンを既婚男性も未婚男性も履いていた。既婚男性はくるぶしまであるものを履き、未婚男性はひざまでのを履き、青い靴下も履いていた。未婚男性の場合、こうしたズボンに、ひざからくるぶしまで指二本くらいの幅の黄色い紐がついており、そこにはいくつもハート型の押し模様があった。また、紐は赤や青のリボンで飾られていた。ひとたび履くと、毎日履いていた。」（シェベストヴァー、一七三―一七四頁）

既婚男性と未婚男性のベストの違いは、「男性用ベストは青と緑で飾られていたが、未婚男性のは赤やその他のいろいろな色で飾られていた」点にあった（同、一七四頁）。

既婚男性の男性用上着における相違点は、同書一七四頁、帽子の相違点は同書一七七頁、首に巻くスカーフの相違点は同書一七七頁を参照。既婚男性と未婚男性の衣裳の相違点についてはクルヴァニヤ、一八一、一八二、一八九頁、ヴァーツラヴィーク『ルハチョヴィツェの未開拓地……』、一七六頁も参照。南モラヴィアの同ケースについてはシェベストヴァー、一七一頁を参照。

28 クルヴァニャの履物についての章を参照（クルヴァニャ、一八九頁）。

29 「いまでは既婚女性と未婚女性の厳密な区別はもはや存在しない。以前は、未婚の娘は髪を一本に編んで下に垂らし、既婚の女性は編んだ髪を頭に巻いており、そうした髪は〈オバレナ〉とか〈バビネツ〉と呼ばれていた。クロムニェジーシでは、編んだ髪を巻くための赤い皮製のハート型が〈オバレナ〉の役をしており、そのまわりに編み毛をまきつけ、白いスカーフを、額を覆って、うなじのうしろでむすぶようにして被っていた。既婚女性は婚礼後一年間それをつけていた。未婚の娘はほとんどどこでもスカーフを被り、あごの下でむすんでいたが、ラシスコでだけは被っていない。モラヴィアでは既婚女性は〈ガルグルカ〉という帽子を被っており、外出時にはさらにスカーフをよく被っていた。キヨフではいまも〈ガルグルカ〉を未婚女性も被っているが、それは、スカーフに隠れて見えないようにしている。既婚女性の場合は、ビーズで刺繍した部分が額の上と耳の下から出ているのがふつうである。」(オブラーチル、一一頁)

30 ヴイドラ、一六頁。

31 ヴァーツラヴィーク『チェコスロヴァキアのポドゥナイ村』、八六頁。

32 「スロヴァキアの人は、たとえ結婚することになったときですら、敬虔に反する過ちをけっして忘れはしない。「堕落した娘」の結婚予告の際にも教会の壇からは「誠実な女性」と呼ばれることはなく、「恥ずかしくない女性」としか呼ばれない。」(同、一二〇頁)

33 村における「堕落した娘」の状態についてはオブラーチル、一一四—一一七頁を参照。

スロヴァキアの教会では、「堕落した娘」のために特別の場所がある(スロヴァキア民俗博物館館長ヤン・ゲリクの情報)。一六世紀のドイツで衣裳が過ちについて証言していたのは、性道徳に反することだけではない。「恥知らずの者のなかには、まさに衣裳によって示されている者もいた。たとえば破産者は緑の帽子、贋金づくりは白い服をまとっていなければならなかった。」(ヴイドラ、七四頁)

34 「未婚者は、以前はどこでも、既婚者と外見でもはっきりとちがっていた。」（オブラーチル、一一頁）

35 チュヴァシ人の未亡人の特殊な衣裳については、アキモヴァの論文「サラトフのチュヴァシ人の女性用衣裳の進化。1．シャツ」（『ニジネ・ヴォルガ地方・郷土誌学学会論集』三五号、第五部〈民族誌学セクション〉、サラトフ、一九二八年）、三一頁を参照。

36 ムカジョフスキー「社会的事実としての美的機能、規範および価値」［邦訳はヤン・ムカジョフスキー『チェコ構造美学論集』平井正・千野栄一訳、せりか書房に所収］（ムカジョフスキー『美学研究』プラハ、一九六六年）、二六頁。ロスチャイルド「造形芸術の基本概念」（『哲学雑誌』三三号の二、一九三五年）、四五頁。ウティッツ「個別領域における哲学と芸術美学」（ウティッツ『美学と芸術哲学』、ロストック）、六一四頁。

37 儀礼行為が子どもの遊戯へと移行する件については、O・I・カピーツァ『児童フォークロア』、レニングラード、一九二八年、八—九頁。二〇六頁を参照。

38 記号はこの場合広義に理解されている。「記号」という概念においては、本来の記号と、シンボル、シグナルの区別も可能であろう。

記号とシンボルについては、チジェフスキイ「倫理学と論理学」（『プラハ・ロシア民族大学学術論集』、第四巻、プラハ、一九三一年）、二三一—二三二頁、二三四—二三五頁を参照。記号の定義はビューラーの著作が参考になろう。

39 ヴォロシノフ「言葉とその社会的機能」［この論文は事実上バフチンのものとみなされている。全体の邦訳は『バフチン言語論入門』、桑野隆・小林潔訳、せりか書房に所収］（『文学修業』一九三〇年、第五号、四五—四六頁）。

40 この点では、美的機能を記号に添えているヴォロシノフとは見解が分かれる。原始時代の人間の用具における装飾に関する前記の言葉を参照。とはいえ、じつをいうと、美的機能が記号に属するのかモノに属するのかといった問題はまだ完全に明らかなわけでなく、それゆえこの点に結論を下すのは控えたい。

41　「青年男子、若い既婚男性は、少女、若い妻、もっと年輩の女性などとおなじように、このような仕事（草刈）に、いつも祝日の衣裳でいく。」（パヴェル・ソハーニ『野良仕事に関するスロヴァキア農民の旧習』、ブラチスラヴァ、一九三〇年、五三頁）

42　「ヴルビツェやリプトフでは草刈に合わせて、とくに白い袖当てをする」。またボブロチェクでは、「刺されないように、腕を手首まで覆う細い袖当て〈ルコツカフチ〉がある。男たちはかついだ干草が襟の内にあたるため、汗をかいた皮膚がひりひりする。」（同、五三頁）

43　衣裳の個々の部分に関して実用的機能が祝祭的機能へ移ることについては、以下の例を参照。「ケープがオーバーコートの重要な部分となっている時代があったが、いまではケープは多くの場合、マンニノイとハイケルが著作のなかで正しく指摘しているように、暖かな服という本来の機能をすでに失っており、祝日の衣裳の一部分にすぎなくなっている。」（ストラーンスカー「トレンチャンスコにおける……」四〇頁）

44　他の村では既婚女性は娘時代の服をずっと着ることができ、既婚男性は独身時代の服をずっと着ることができる。たとえばブラチスラヴァ近郊のヴァイノリでは、既婚女性と既婚男性が、結婚前に縫った、以前の服で教会へ行くのを、私は目にした。結婚後には新たに未婚時代用の服を縫ったりするはずはないので、まちがいはなかろう。私は、これはまず第一には、この村では民俗衣裳の伝統が全体に弱まっており、第二には、これらの場所では衣裳、とくに独身の女性や男性のものはとても高価であり、また裁縫に少なからぬ時間を要し、それゆえ結婚のあとすぐに着なくなるのはもちろん惜しかろうという理由で、説明がつくのではないかと考えている。

45　エンゲルス『自然弁証法』ソ連国立出版所、一九三一年、二四頁。
46　儀礼における機能と形式の相互規定性については、ゼレーニン「旧弊の儀礼の解釈」（『ソヴィエト民族誌学』一九三四年、五号）、四頁以下を参照。
47　フーセク、一一八―一一九頁。
48　ヴァーツラヴィーク「フーセク……」、三三八頁、を参照。
49　レヴィ＝ブリュール『未開の魂』、パリ、一九二七年、一三七―一四一頁。
50　カルパチア・ロシア地方の元ウジゴロド地区の南部の農民女性が同地方の北部（ヴェルホヴィナ）の農民と話していたときに、わたしはその場に居合わせたが、その女性は、「ヴェルホヴィナ人」のあまりに簡素な衣裳やその他の弁別的記号について軽蔑した口調で語り、他方「ヴェルホヴィナ人」はひどく感情を害し、お返しに彼女の集団の記号を侮蔑していた。
51　拙論「カルパチア・ロシアおよび東スロヴァキアにおける民族誌学的研究」（『プラハ評論』、一九三三年）、一二七―一二八頁を参照。
52　最近のロシアの民族誌学は、民族誌学的現象の機能的研究に大いに関心を払っている。この方法の普及と宣伝に多大な貢献をしたのは、ロシアの傑出した民族誌学者ゼレーニン教授である。
53　興味深いことに、ヨゼフ・ブロシはその論文「ボウビンスケー・ポドフジーにおける農場の類型」のなかで、高い場所に家を建てる際には主なる注意は実用的目的に払われているのにたいして、おなじ地方でも谷に家を建てる場合には外見が重視されていた、と指摘している（『チェコスロヴァキア民族誌学報』、二五―二六巻、一七頁）。
54　マーサ・ブリゲンマイヤー『共同体と民謡。ミュンスターラントの村の文化にたいする寄与（ベストファーレン国家＝民俗学州立研究所委員会発行、第一分冊』）ユリウス・シュヴィーテリンク編、第一部（ミュンスター・イン・ベストファーレン、アッシェンドルフ発行所出版、一九三一年）、一〇九、一一〇頁。著者は、ベストファーレンの村々の家の壁における宗教的性格の――記号となっている――飾り（十字架と聖像）の記述を含んだ数多くの例をあげており、これらの記号――扉の十字架、家族が日々集まる食卓の上方の聖家族の絵、寝床の上方の守護天使、等々――の説明もおこなっている。

55　モシンスキ『スラヴの民衆文化、第二部、精神文化』、クラクフ、一九三四年、三二六頁以下。

56　拙論「民族誌学とフォークロア研究における機能構造主義的方法と他の方法」（『スロヴァキア調査』、ブラチスラヴァ、一九三五年）、一〇頁。

フォークロア研究と文学研究

ボガトゥイリョフ&ヤコブソン

1　フォークロアと文学の起源的な結びつきがどんなに密接であろうとも、ふたつの創造形態のあいだには構造上の本質的な違いがある。

a　「文学作品の誕生」なる概念と「フォークロア作品の誕生」なる概念の内容は異なる。著者が自分の作品を完成させることが文学作品誕生の瞬間である。これは文学研究者にとってもっとも一般的な創造形態であり、文学研究者はこれとの類推でもって、誰かがフォークロア作品をはじめて披露した瞬間を、フォークロア作品誕生の瞬間とみなしがちである。しかし実際には、作品は集団に認められた瞬間にはじめて、フォークロア作品となる。個人的な造語が慣例化し社会化したときにはじめて、言語（ソシュール的な意味ではラング）の変化とみなされるのとおなじように、フォークロア的事象となるにも、一定の集団によって承認され、受け入れられる必要がある。集団の事前検閲が、フォークロア作品の存在の前提条件となっている。集団に社会化を拒まれた個人的創造の産物は、どれもフォークロア的事象にならず、消滅の運命にある。一方で、文学的事象は集団に認められずとも、存在しつづけ、のちのある世代に承認されることもありえる（たとえば、いわゆる「呪われた詩人」とされるロートレアモンやノルヴィットなどの作品）。

b 「文学作品の存在様式」なる概念と「フォークロア作品の存在様式」なる概念の内容は（したがってまた文学的継承性なる概念とフォークロア的継承性なる概念の内容も）異なる。フォークロア作品は、個人を超えた潜在的なかたちでのみ存在しており、一定の規範と創作意欲の集合体にすぎない。これは生きた伝統というカンバスであり、遂行者はそれを個人的創造という模様でいろどる。これは、（ソシュール的な意味での）パロールの行使者がラングにたいしてとる態度に似ている。文学作品は客体化されており、読者に関係なく具体的に存在している。あとにつづくどの読者も作品に直接向き合う。先立つ読者の解釈は考慮に入れられるが、これは作品を知覚する際の構成要素のひとつにすぎない。一方、フォークロア作品は、遂行者から遂行者へという道しかない。あるフォークロアの伝統の担い手が全員死んだとすると、伝統の復活はもはや不可能であろう。これにたいして、文学においては、生産性を失いかけた古い事象をあらためて活性化させるのはふつうのことである。

c　文学的営為とフォークロア的営為における創造者の志向は異なる。環境の要求と文学作品との不一致は、著者の失敗になりかねないが、著者が環境の要求そのものを一新し、文学的に再構成しようと計画的に意図している場合もある。フォークロアの分野では、検閲と作品とのいかなる衝突をも不毛なものにしてしまう事前検閲が無条件的に支配しているため、詩的創造の参加者は、文学作品の著者とはちがって、個人的に検閲を切りぬけようとする企てをあきらめざるをえない。

2　フォークロア研究における基本的概念を修正することにより、ロマン主義的なフォークロア観が部分的に復権する。

a　ロマン主義は、口承詩の集団的性質を強調し、それを言語の創造と比較したという点で、正しかった。

b　フォークロアの独自性に関するロマン主義のテーゼは、起源的見地においては誤っている（というのも、フォークロアは文学からの借用が多いためである）が、機能的観点からすれば正しい。機能的観点からすれば重要なのは、フォークロア外部の源ではなく、借用素材の選別や変容、そして新しい状況下での新しい解釈である。いわゆるモニュメンタルな芸術作品をいわゆるプリミティヴな芸術作品に変換することは、受動的な「複製」ではなく、創造行為なのである。

c　集団的創造の主体となりうるのは、個人主義的な傾向を知らない集団だけであるというロマン主義や現代のいわゆる観念論的な学派（ナウマンなど）に特徴的なテーゼは、社会的行為から集団的心理を直線的に推論する（たとえば言語形式から思考形式を推論する）すべての場合とおなじように不正確である。集団的創造と個人的創造は、機能的に異なる活動形式として、同一社会内で共存しうるのである。

3　フォークロア研究と文学研究の境界を画定することによって、フォークロア研究にとっては以下のような具体的課題が生じてくる。

a　フォークロアの芸術的形式を分析するにあたっては、文学史関係の資料の研究によって得られる方法や概念をフォークロアへ機械的に適用しないよう注意すべきである。文学的な詩とフォークロア的な詩との本質的な機能上の差異、または文学テクストとフォークロア作品の記録との差異を比較せよ。

b　フォークロアの芸術形式のタイポロジーは、文学形式のタイポロジーから自立したものでなければならない。文学を特徴づける多様なプロットと、フォークロアの分野における典型的な限られた一連の民話プロットとを比較せよ。構造的な言語の法則とおなじように、似たプロットをつくるための一般的な芸術的構成法則は、集団的創造に適用した場合には、個人的創造に適用した場合よりも、より画一的で厳密である。

c　共時的フォークロア研究の当面の課題となるのは、一定の集団（地理、民族、職業、年齢などにもとづくグループ）にとって重要なレパートリーを構成している芸術形式の体系の特徴づけである。この際、体系内における形式と形式の相関関係、それらのヒエラルキー、生産性の度合いを考慮する必要がある。

民族誌学における能動的な集団的事象と受動的な集団的事象

民族誌学的事象は、能動的な集団的事象と受動的な集団的事象のふたつに分けることができる。

能動的な集団的事象は、集団全体によって共通の財産とみなされているだけでなく、集団全体によってつくられる事象である。たとえば、村の女性全員がする刺繍（この場合、能動性は一定の性に限定されている）、村の住人全員が知っている広く普及した歌、家族や季節に関する決まった祝い日に一家の主人あるいは女主人、家族の一員がおこなう儀礼などがそれである。

受動的な集団的事象は、ある集団の共有財産とみなされているが、その集団に属していないこともある個々の人びとによってつくられる事象である。いわゆる地方名産品——たとえば、絵、特別な食器、手工品用の特別な材料など——である。これらは、ときには集団に加わっていない地方職人あるいは工場によってさえ製造されるが、その集団の共有財産とみなされ、皆に利用されることから、集団の示差的特徴となっている。さらに、受動的な集団的事象に属するものとしては、たとえば、ロシアの英雄叙事詩《ブィリーナ》や歴史歌謡、ウクライナの叙事的民謡、宗教詩や宗教歌がある。これらは、農民出の歌手がうたうものであるが、やはりロシアやウクライナのいくつかの村々の共有財産とみなされている。まじないや霊薬もここに属する。これらを実際に駆使しているのは、集団のなかの特別な成員——魔法使い、まじない治療師など——だけであるにもかかわらず、村中の者がその治癒力を信じている。

こうした能動的な集団的事象と受動的な集団的事象への分類は、集団の個々人のなかか、あるいは集団全体のなかに流布しているタブーなどにも適用可能である。

いまここでは、能動的な集団的事象である、農業儀礼や農作業の慣習の例をとりあげることにしよう。カルパチア・ロシア〔現在はウクライナのザカルパチエ〕のある村には、自作農は春の耕作の初日、一日中沈黙しなければならないという慣習がある。また、牧夫の行動を制限する一連のタブーもある。たとえば、おなじカルパチア・ロシアでは、復活祭のはじめの数日、牧夫は肉やその脂を控えなければならない。牧夫がこの指示に従えば、群れを襲うオオカミは一匹もいなくなるという。一九一六年にアルハンゲリスクにいたときにも、いくつかのタブーがあることに気づいた。たとえば、牧夫は森のイチゴやキノコを摘んではいけない。かりに牧夫がこの禁を破ると、森の精は腹を立て、家畜に害をもたらすという。また、一部の掟は禁欲的な性格をおびている。たとえば、牧夫は若い女性と踊ってはいけない。女性は頭にスカーフを被らなかったり素足のままでは、牧夫の前に姿を見せてはならないといったものがある。

言語において生産的文法形式と非生産的文法形式とを区別する必要があるというソシュール理論とおなじように、農業儀礼のなかにも、意味内容を維持している生きた儀礼と非生産的な儀礼とがある。非生産的な儀礼の意味を理解している者は村にはすでに誰もおらず、こうした儀礼の多くはその世代の生活から離れ、消滅していく運命にある。生産的な慣習や儀礼は新しい素材を得て、それを古い形式に従ってつくり変えながら、存在しつづけている。

以下では、東スロヴァキアにおいて記録したいくつかの民族誌学的事象を例としてあげておこう。これらは、クリスマスツリーのもつ魔術的または原始宗教的機能を裏づけるものである。以下がその資料である。

クリスマスツリーはクリスマス・イヴから公現祭まで飾られる。公現祭のあとの一月七日に、聖職者に木を浄めてもらうと、木はさまざまな儀礼に適したものになる。たとえば、一家の主婦が火をつけたクリスマスツリーで果樹をいぶすが、これは青虫から果樹を守ってもらうためである（スロヴァキアのシロカー村で農婦オチラ・スモルコから採録）。

木につりさげてあった焼き菓子は食べられ、木そのものは乾燥場に片づけられる。一家の主人が年初めの耕作に行くとき、大枝を取り払ったツリーの幹を鞭の柄として用い、鞭打つ。この鞭の柄をもっていくのは最初だけで、あとは捨てられる（ウクライナのラチノフ村に住む年輩女性フェドルコと少年ヨゼフ・レシコの話から採録）。

これは、都市に住むインテリゲンツィヤの慣習のひとつ、すなわち装飾したツリーをクリスマス・イヴにたてる慣習が、生産的な性格をおびている昔の古典的慣習にならって再解釈されている例である。カルパチア・ロシアや東スロヴァキアでは、世界中に広がっている儀礼の数多くの変種となっている興味深い農業儀礼が少なくない。

東スロヴァキアのクリスマスツリー

民族誌学資料を研究していると、個々の民族誌学的事象が何らかの機能——呪術的機能、美的機能など——を有していることに気づく。これらの機能はたがいに入れ替わり、役割を交換していることがよくある。たとえば、呪術的機能が美的機能になる。

また、民族誌学資料をさらに入念に研究していくとはっきり分かるのだが、個々の民族誌学的事象はふつう、同時に複数の機能を有しており、これらの機能は構造的にたがいにむすびついている。となれば、民族誌学資料には、しかるべき修正を加えたうえで構造心理学の方法を適用すべきであろう。構造的民族誌学の重要性については、拙論「構造的民族誌学に寄せて」（一九三一年）ですでに指摘した。この論文では、民族誌学的事象がその機能の変化の際に従っているふたつの法則性の解明を試みた。

新しい家の建築にまつわる慣習や迷信を蒐集したところ、農民がおなじ慣習にさまざまな意味をつけ加えていることがわかった。たとえば、農民の多くから聞いたところによると、家の建築には、落雷した木を用いてはいけない。このように農民が危惧するのは、「こうした木にはもしかしたら、まだ逃げていない悪魔がひそんでいるかもしれない」ためである。燃料としてさえもこうした木材の利用を避けている村もあった。また別のケースでは、こうした木材は雷で損傷を受けているため家の建築には適さない、というまったく合理的な解釈をする農民もいた。

ただし、このタブーに原始宗教的解釈をほどこす農民にしても、このような木材には実用的価値がないことは認識しており、したがって、かれらの意識のなかにはこのような木材の使用を妨げるふたつの機能が併存していることになる。この場合、宗教的機能のほうがやはり強く、実用的機能をも包みこんでおり、ときには実用的機能を完全に押しやっていることさえあった。合理的解釈がなされていたような場合にも、呪術的・宗教的機能がまだ農民の意識のなかに残っていることはあったが、実用的機能のほうが優勢であった。農民が古い靴を新しいものに変えざるをえなくなる理由を、カルパチアで研究していたときにも、同一地域に暮らす農民の意識のなかに一定の対象に関して複数の機能が共存していることが確認された。

以下に引用する東スロヴァキアで蒐集した一連の民族誌学的事象は、この地方におけるクリスマスツリーの呪術的または原始宗教的機能を裏づけるものである。個々のケースにおけるこうした機能のあらわれ方を、構造的民族誌学の方法を用いて説明してみよう。

まず、資料そのものを引用しよう。

クリスマスツリーはクリスマス・イヴから公現祭まで飾られる。公現祭のあと、一月七日に、聖職者に木を浄めてもらうと、ある程度はこの結果もあって、木はさまざまな儀礼に適したものになる。たとえば、一家の主婦が火をつけたクリスマスツリーで果樹をいぶすが、これは青虫から果樹を守ってもらうためである（スロヴァキアのシロカー村で農婦オチラ・スモルコから採録）。

ツリーは公現祭まで飾られる。公現祭がおわって何日かたつと、木は聖職者に浄められ、つりさげてあった焼き菓子は食べられ、木そのものは乾燥場に片づけられる。一家の主人が年初めの耕作に行くとき、大枝を取り払ったツリーの幹を鞭の柄として用い、「パシ！　パシ！　パシ！」と鞭打つ。この鞭の柄をもっていくのは最初だけで、あとは捨てられる（ウクライナのラチノフ村に住む年輩女性フェドルコと少年ヨゼフ・レシコの話から採録）。

クリスマスツリーの下にはいろいろなごちそう――たとえば、パン、団子、いろいろな穀物の実――がのった皿がおかれる（スロヴァキアのフィンツィツェ村にて一八三四年生まれの年輩女性ズスカ・ヴァルゴフチコヴァの話から採録）。

ウクライナのシャショヴォ村で聞いたところによると、クリスマスツリーは以前、地主《パン》の家にのみ飾られるものであったが、ようやく二一年前になって農民《ルスナーク》の家でも飾られるようになった。カトリック教徒のスロヴァキア人の家では、ツリーは以前からあった。

ツリーはスロヴァキアのドゥビン村にもみられたが、どの家庭にもあったわけではない。興味深いのは、クリスマスツリーがこの場合、宗教的な対象の役割をはたしているという事実である。ツリーは聖職者に浄められるが、同時にまた、民間信仰ともむすびついている。たとえば、春になってはじめての耕作では、ツリーで果樹をいぶしたり、ツリーで家畜を追ったりする。

わたしの知るかぎりでは、クリスマスツリーは都市ではおもに美的機能を有している（ヴァイザー『クリスマスプレゼントとクリスマスツリー』シュトゥットガルト、一九二三年、五一頁参照）。たとえ、都市においてクリスマスツリーの美的機能がときおり宗教的（キリスト教的）機能と接することがあったとしても、呪術的意味が付与されているわけではけっしてない。

さらに指摘すべきことだが、わたしが観察をおこなった地域では、クリスマスツリーがあらわれたのはつい最近のことであり、以前は村のインテリゲンツィヤのあいだでのみ見うけられたものであったが、そこからより広い階層に普及していった。ここで次のような疑問が起こる。すなわち、普及しているほかの土地においてはおもに美的機能を有しているクリスマスツリーが、前述のスロヴァキアやウクライナの村々においては原始宗教的機能を主要な機能としているという事実を、いかに説明すべきかということである。

クリスマスツリーは農村のインテリゲンツィヤから借用されたが、かれらのもとでは今も昔も美的機能がツリーの主要な機能としてとどまっていることからすれば、村においてもツリーは当初はこうした機能だけを有していたとみるべきであろう。

次に、クリスマスツリーがあらわれた際の環境はどのようなものであったかを見てみよう。クリスマスツリーが農民の食卓に飾られている日々は、キリスト教的儀礼と土着の民衆的儀礼に満ちあふれている。こうした儀礼とむすびついたものすべてが、キリスト教的色合い、あるいは呪術的色合い、またときには同時に両方の色合いをおびていた。その大きさや魅力的な装飾からしてクリスマスツリーは、この時期に食卓に並ぶもの――祝日用食器、クラチューン（パンの一種）、その他――のなかで中心的な位置を占めることになっていた。

当然のことながら、公現祭に聖職者は聖水をもって教区の家々をまわりながら、ほかの物ともどもクリスマスツリーも浄める。浄めのすんだクリスマスツリーは、農民の目にはさらに大きな呪術的な力を得ているかのように見えるのである。これは、たとえば薬草が呪術的な力を得るのに似ている。民間の迷信によると、薬草は聖ヨハネ祭の前夜に採取されるものに限って効力を発揮するが、教会での浄めをおえると、さらに大きな力を得るという。

つまり、この薬草に治癒力を与えている契機はふたつある。①民衆の伝統で定められた日づけの遵守、②教会での浄めである。

さらにはまた、クリスマスの祝いの日々にいたるところで広まっている儀礼において使用されている。とりわけよく見られるのが、クリスマスに何かをいぶす慣習である。ほかに、クリスマスツリーのとがった幹を柄にした鞭を用いて、はじめての耕作のときに牛を追いこむという慣習がある。この慣習は、似かよった慣習からの代用となっている。たとえば、聖枝祭の日曜日から保存されていたネコヤナギの枝で、はじめての耕作の日に家畜を追いこむという似た慣習がある（フィッシャー「ポーランド民衆の農業慣習」『ポーランドの農民』一九二七年、一—二頁、ヴァイザー、前掲書、六二—三頁を参照）。

以上あげてきたようなクリスマスツリーとむすびついた儀礼は、このように、主要な機能である美的機能から呪術的・宗教的機能への移行の例となっている。

こうした移行が起こるのは、この慣習が、もろもろの儀礼からなる別構造をともなった別環境に入ると、この別構造の要求に応えるような位置をそこで占めることになるためである。

したがって、次のようになる。すなわち、おそらく、都市におけるクリスマスツリーの慣習は、呪術的機能を主要な機能としていることの多い民衆の慣習にある程度もとづいて発生した（ヴァイザー、前掲書を参照）。しかし都市では、美的機能にたいしてほかの全機能が徐々に場所を譲っていく。その後、クリスマスツリーは呪術的儀礼がまだ重要な役割をはたしている農村地域へとふたたび入っていく。

ふたたび呪術的機能が優勢に転じ、かくしてひとまわりし出発点にもどる。クリスマスツリーは、それがあらわれたときに基盤をなしていた儀礼とよく似た儀礼の一構成要素となっていくのである。

これと似たようなことは、民衆詩の伝統に依拠している文学作品がふたたび民衆のなかに入りこむときにも見うけられる。文学作品は変化をこうむるが、その過程で民衆詩そのものの作品に似てくるのである。[2]

クリスマスツリーがもつ美的機能の原始宗教的機能への移行を示す例は、方法論的な面において重要であるように思われる。例が再三示しているのは、例のおかれていた環境を知らずして、何らかの慣習のもつ意味を復元することがいかに危険であるかということである。ある地域における迷信の構造全体や、この慣習がそこで占める位置をわかっているときにのみ、このような慣習は正確に理解されるのである。ごくふつうの図式に仮にしたがうならば、主要な機能に関しては、儀礼の宗教的機能から美的機能へと移行がなされると考えるべきところであろう。しかし前述のケースでは、ちょうど逆方向に発展しているのである。

この小論は綱領的なものであり、研究者や蒐集者にたいし以下のような課題を提起しておきたい。

1　同一の民族誌学的事象が複数の機能をもっているような資料を、できるだけ多く蒐集すること。

2　その資料にもとづいて、クリスマスツリーが美的機能だけでなく、呪術的機能をも有することを証明すること。クリスマスツリーはこうした研究にとりわけ適しているものと思われる。というのも、これはヨーロッパに広く普及している慣習であり、しかもヨーロッパのさまざまな民族におけるその発生時期に関するデータも手にしているからである。

3　おなじ村あるいは近隣の村々で見うけられた（あるいはいまも見うけられる）慣習を記録すること。まず第一には、似かよってはいるものの、ツリーなしにおこなわれている儀礼や、ツリーを伴う儀礼に影響を及ぼした可能性のある儀礼である。

4　クリスマスツリーが子供にとってどんな機能を有していたかを示す、幼少期の回想を記録すること。この場合、民族誌学的現象の研究に際して内省法を適用し、自身の幼少期の回想を利用することができる。インテリゲンツィヤの場合、幼少期から遠ざかるにつれて、クリスマスツリーの宗教的機能は美的機能に場所を譲っていく。それにたいしておとなの農民の間では、宗教的機能はほかの儀礼に支えられていて、原始宗教的機能が美的機能にたいして優勢を保っていた。

注

1 「パン（地主）」と「ルスナーク（農民）」の差異は、スロヴァキアの村における民族的差異と社会的差異を同時に反映している。「地主」とみなされたのは聖職者、教師、医者などであり、「ルスナーク」と呼ばれたのはウクライナ人であった。

2 拙論「プーシキンの詩「驃騎兵」、その源泉と民衆文学にたいする影響」『プーシキンの詩学に関する論集』、ベルリン、一九二三年、一四七―一九五頁を参照。

行商人と放浪職人の叫び——広告の記号

この講演で用いたのは以下の資料である。

「行商人の叫び。ヤンチュク、グレチャニノフ、リストパドフなどのメモ」(『「自然科学・人類学・民族誌学愛好会」音楽民族誌学委員会論集』、第Ⅰ巻、モスクワ、一九〇六年)。略称、『論集』。

シマコフの手稿。ソヴィエト科学アカデミー・ロシア語研究所内の古文書史料研究・出版文献目録セクションの手稿集より。保管No.5(タイプ原稿)。略称、シマコフ。

イヴァノフの手稿『美しい金言』。略称、イヴァノフ。

1 行商人や買いつけ人、放浪職人の叫びの主要な機能は、村や市場、戸外に売り子や買いつけ人、職人などがいることを知らせることにある。

例（錫めっき工）
　錫めっきに、はんだづけ
　不用のコンロの買い取り
　修理もおまかせ

または
　バケツの修繕
　不用のベッドの買い取り
　手桶の底の取り替え
　金だらいの買い取り

錠前屋
　鍵の選り分け
　古鍵の修繕

ガラス工

　ガラスの交換
　ガラスの交換

とぎ師

　ナイフ研ぎに、はさみ研ぎ
　かみそりもお引きうけ

桶屋

　樽やたらいの修繕
　底をかえりゃ、元どおり

以上の例には広告の要素はないが、たとえばタタール人古物商の叫びには広告の要素が見られる。

　がらくた回収

高額回収

または

なんでも回収

高額回収

2 放浪行商人や放浪職人の叫びは、商店の看板や修理工場の看板とおなじ機能を果たしている。

3 看板は今も昔もさまざまな形式をもっている。現在もっとも広く普及しているのは、商品(野菜、果物、肉、乳製品、菓子、工業製品など)、または職種(理髪師、裁縫師、靴工)をしるした看板である。

文字であらわした看板のほかに、かつて広く普及していたのは、商人の売りもの、または職人のつくったものを描いた看板である。たとえば、鍵であれば金物取りつけ工の修理所、長靴であれば靴工の修理所などのように。こうした記号はときには、シンボル的な意味をおびていた(たとえば、理髪店には銅製の洗面器)。

スロヴァキアのぶどう畑の所有者は、自分のところでできたワインを売るために秋になると都市や郊外の居住地で酒屋を開く権利をもっていた。酒屋の扉にはぶどうの小枝がかけてあったため、臨時の酒屋は「小枝の下に」という名で親しまれていた。つまり、この場合、看板となっていたのは小枝であった。

ときおり見うけられたのは、絵と文字の両方を使った看板である。「理髪店」という言葉による看板と並んで銅製の皿が掛かっていたり、「薬局」という言葉による看板と並んで窓には球――薬局の記号――が飾られていたことなどがあった。

4 放浪商人や職人の叫びは、一定のメロディーにのせたりレチタティーヴォ調にした歌のような叫びと、物語詩のような叫びとに分けることができる。

5 歌のような叫びにおいて、販売商品をあらわす記号となっていたのは、「はーい、イチゴだよ」または「八百屋でございい」、「おいしいアイスクリームはいかが」、「牛乳はいかが」といった文句や、職人による歌のような叫びだけではない。こうした叫びのモチーフとなっているメロディー、楽句も記号となっていたのである。そのため、イチゴ売りのうたう言葉を聞きとるのがむずかしいときでさえも、メロディーによって遠くからでもイチゴ売りの到来がわかったのである。

6 販売商品や職人の専門をあらわす歌のような叫びは、できるだけ大きな声で、フォルテで発せられねばならなかった。言葉はときには長くのばして発音されていた。このため、歌のような叫びの多くは日常会話と異なり、歌詞に近いか、あるいは一致していた。

たとえば、商人や職人の歌のような叫びには、叙事的・抒情的な歌にもあるように、子音の後に母音があらわれる。《baranyki》＝正しくは《baranki》「輪形パン」（ヤンチュクより）、《byritvy》＝正しくは《britivy》「かみそり」（リストパドフより）、《bu-ba-lika》＝正しくは《bublika》「太い輪形パン」、《sakh-kha-ry-nyi marozhnyi》＝正しくは《sakharnoe morozhenoe》「おいしい、アイスクリーム」。

日常会話の母音は、ほかの母音——叫びやすいと思われる音——に取って代わられていた。《techit', techit'》＝正しくは《tochit', tochit'》「研ぐよ、研ぐよ」（リストパドフ、№4）

いくつかの歌に見られるように、語末が発音されないこともあった。たとえば、《sakharnyi marozhnyi marozh》「おいしい、アイスクリーム、アイスクリー……」

御者の叫び《pozha...》「さあ、いらっしゃー……」を思い出されたい。

7　言語の通常の規範と異なっている外国人特有の発音も、売買される商品の記号となっていた。たとえば、タタール人の発音する変形したロシア語は、タタール人古物商の記号になっていた。オジェゴフ教授は、タタール人古物商はモスクワではタタール語で叫んでいたのを思いだしているが、通常はかれらは変形したロシア語で叫んでいた。

おなじように、中国人による変形したロシア語での叫びは、一定の商品——たとえば「絹紬

（柞蚕糸の織物）」など——を売るロシアの中国人放浪商人の記号となっていた。
ネズミ駆除人のチュヴァシ人の叫びは興味深い（イヴァノフ）。
かれらはつぎのようなブロークンなロシア語で叫んでいた。

ネズミに駆除［正しくは「ネズミを駆除」］
音楽に奏すりゃ［正しくは「音楽が奏される」］
ネズミ、ナンキンムシ、いちころ！

8 チュヴァシ人のネズミ駆除人の仕事を示すものとして、変形したロシア語以外に別の記号もある。
イヴァノフはネズミ駆除人の巡回を次のように記述している。「チュヴァシのネズミ駆除人は、手製の横笛、またときにはふくらんだ嚢がついているホルンに似た民族楽器を手に地方を歩きまわっていた。かれらは旅用ザックのほかに、わらを詰め込んだネズミの毛皮を先っぽにつけた竿や棒を背負っていた」。ネズミ駆除人は、通りに立ったり家の中庭などで楽器を演奏し、そのあと、変形したロシア語で前述のように「ネズミに駆除……」などと叫んでいた。
つまりこの場合は、叫びだけではなく、手製の横笛やチュヴァシ民族固有の楽器による演奏、さらにはまた造形的性格の看板ともいえるネズミの剥製も、ネズミ駆除人の記号となっていた。鉄製品の修理をおこなう放浪職人においても、叫びは特別な記号によって補完されていた。バケツ修理人や金物商人はつぎのように叫んでいた。

バケツ、ひしゃくのはんだづけ
真鋳、松脂でぴったんこ……
鍋ささえも、蝶番も
女どものおしゃべりも

ときにはこの叫びに合わせて、「桶をもってきて、雑音で関心を引いて目立とうと、桶の底をたたきはじめる」（イヴァノフ）。この場合、叫びのほかに雑音も記号の役割をはたしていた。くず屋のユーモアのある叫びも同様である。

古くなった下着《ボーニキ》やカバー《スポールルキ》
綿入れの婦人外套《サロープブイ・カポートゥイ》
ぼろや破れた布《ルバニーヌー》

ひどい結納の羽布団《ペリーヌー》
ほっぽりだされた　枕《ポドゥーシク》
もつれたアクシューシカ（女性名クセーニャの愛称）
ありとあらゆるぼろくず《ロフモーチャ》
酔っぱらったアヴドーチヤ（女性名エヴドキアの俗称）
買い集めていきますよ《ポクウパーエム》
御主人を救い出しますよ《オスロボニヤーエム》

と二本の短くて細い棒をならして、歩きながら叫んでいた。この場合、叫びのほかに記号となっていたのは二本の棒でたたく音である。

アコーディオン売りは何も叫ばず、楽器の販売に関係ない曲をただひたすら演奏していた。こうした記号は、叫びよりも一層表現力に富み、より効果的な広告となっていた。

9　ある一定のメロディーにのった行商人や放浪職人の叫びは、放浪商人や買いつけ人、職人が村や家の中庭にきたことを知らせる記号となり、音楽的側面——旋律——で人びとを惹きつけていた。このことが、叫びの内容にいやおうなく耳を傾けさせる独特の広告となっていたのである。

おなじ品物を売買する商人が多く集まる市場では、当然、別の商人からではなく自分から購入してもらえるように、商人は気を配っていた。このため叫びは、商人や職人が来たことを知らせる記号から広告の記号となっていた。

10 ある一定のメロディーにのせた歌の叫びのほかに、かつて広く普及し、いまも部分的に存在しているのが、おもに民衆の物語詩からつくられた詩のような叫びである。この詩は昔から、儀礼的な韻文（結婚式の付き添い人の言葉）、多くの民話やアネクドート、民衆劇や都市の民衆詩（見世物小屋のじいさんの言葉）において用いられていた。また、この詩はルボーク［民衆の版画］の絵の下にある文句においても広く普及していた。

物語詩による呼びかけの叫びは、広告記号としての顕著なサンプルである。

11 詩の叫びにおいて広く用いられていたのが比喩である。とりわけ広く用いられたのが誇張法である。

寄ってらっしゃい見てらっしゃい、ラプシンのマッチ
太陽か月かのような燃えっぷり
世にも不思議！　まか不思議
商品じゃないって、こりゃ奇跡！

人形売りの叫び

さあさあ、人形のマラシャ、
こんな人形、聞いたこともなけりゃ、
見たこともねぇ！

砥石商人カルバルムはこう宣伝している。

悪魔のような研ぎっぷり

あるリンゴ売りはこう叫ぶ。

レネットリンゴ［高級冬リンゴ］、
この世のものとは思われない！

マヤコフスキイのつぎのような広告詩には、こうした民衆による広告の叫びと相通ずるものがある。

こんなおしゃぶり
今も昔もどこにもない
年とったって
吸うつもり！

広告手段のひとつとして、商品の定義に形容詞の最上級を用いることがある。

チョコレート、チョコレート、
最高級のチョコレート！

また、商品を指小形・愛称形で呼ぶことも広く普及している。
シマコフは『商業・日常語辞典』において、「さあどうぞ、このお品を」というような商品に敬意をこめた表現を引用している。
往々にして、はじめは商品を名指すだけで、あとから愛称形で呼ぶことで商品の質の高さをあらわしている。
クワス〔ライ麦と麦芽とを発酵させてつくる飲料〕商人はつぎのように叫ぶ。

冷たいクワス
ほしいひと！

そしてつけ加えて
うちのおクワス《クワソーク》［愛称形］飲んでりゃ
この世の憂さは吹っ飛ぶよ

または（蜂蜜湯売り）
さあさあ、蜂蜜湯《ズビーテン》だよ、お蜂蜜湯《ズビーテネク》［愛称形］！（二回繰り返し）
または
さあさあ、石鹸《ムイロ》だよ、お石鹸《ムイリツェ》［愛称形］！
または
ほうらブリンだよ、ブリンちゃん《ブリノーチェク》［愛称形］

　さあさあ、プリン……
　とってもおいしいプリンちゃん《プリノーチェク》

商品評価における最上級や商品の誇張的評価のほかにも、商人の感嘆ぶりは「さあさあ……」といったような叫び文句にもあらわされている——「さあさあ、石鹸《ムイロ》だよ、お石鹸《ムイリツェ》！」、「さあさあ、蜂蜜湯《ズビーテン》だよ、お蜂蜜湯《ズビーテネク》！」、「さあさあ、プリン！」、「さあさあ、ヒマワリの種！　さあさあ、炒った種だよ！」、「さあさあ、人形のマラシャ！」。

12　商人は商品を名指したり叫んだりする際に、比喩や愛称形のほかに、叫びや呼びこみにフォークロア作品の一部分をそっくり用いることもある。

風船売り商人は英雄叙事詩《ブィリーナ》の「決まった箇所」を用いている。

　立ちはだかる森よりも高く
　流れゆく雲よりも高く

商人はしゃれを言うときに民衆劇に見うけられる冗談を用いる。また別の商人は俗謡《チャストゥーシカ》を用いている。

車輪は蒸気で回転するが
ウォッカはただでご提供

商人の叫びには、文学作品からの引用も見うけられる。たとえば、エルショーフ『こぶの子馬』や、ネクラーソフ『ヤコフおじさん』、さらにチュコーフスキイ『ワニ』がある。学校を通しても知られることの多い、有名詩人の詩からのこうしたすべての箇所は、商人に独特かつ独創的に用いられ、通りがかりの人の注意をひき、詩からなる広告の叫びを終わりまで聞かせてしまう。売り子の仕事は目的を達成していることになる。

13 通行人の注意をひくために商人の用いる手段のひとつに、叫びにユーモアや諷刺を織りまぜることがある。くず屋は、商品買いつけに関する実務用の決まり文句と同時に、ぼろやくずと一緒に、「物分りの悪いアクシューシカ」も「酔っぱらいのアヴドーチヤ」も買いとりますと茶化している。桶屋は、「桶に、手桶に、太鼓腹に」などと冗談をまじえつつ、たがをはめるようすすめている。商人は、商品の実務的な勧誘に冗談やしゃれ、ほらをさしはさんでいた。

14 さまざまな記号がもつ基本的特徴のひとつに不変性がある。シグナルの場合はとくにそうである（鉄道線路における赤色と緑色など）。行商人や職人の叫びは、言葉や音楽によるフレーズにわずかな変化が見られるだけで、記号としては変化しない傾向にある。商人や放浪職人の叫びは代々受け継がれている。買いつけ人においても同様である。

イヴァノフによると、村で収穫されたあらゆるイチゴ類を買いつける人は、商品の名称はさまざまであるにもかかわらず、いつもおなじ決り文句だけを「うたっていた」という。

イチゴ類にツルコケモモ、熟れたやつに真っ赤なやつ…
おでぶのばあちゃんにお嬢ちゃん、籠一杯もっといで
すっかり空にしてあげる！

この場合興味深いのは、イチゴ類買いつけ人による呼びかけの叫びは、ツルコケモモだけ挙げているにもかかわらず、あらゆるイチゴ類の買いとりをあらわす記号となっていたことである。

しかし、叫びは不変的なものにしておこうとする傾向があるにもかかわらず、民謡やその他のフォークロアとおなじように変化していく。

古い叫びを活性化させ、通行人の注意をひくために、商人は、たとえば政治的な語彙から新しい語を入れたり、政治的なほのめかしをしていた。

たとえば、「生きたペトルーシカのおもちゃ」の商人は、人形を買うようとの呼びかけを以下のようにむすんでいた。

さあさあ、ペトルーシカ
足は樫製
巻き毛はつやつや
ひとり立ち
ひとり歩き
ひとり遊び
区警察署長なんて
へっちゃら

この場合、民衆人形劇においてペトルーシカが区警察署長を殴打する場面を暗示している。一九一七年の革命後には、政治的な語彙から新しい語が導入されている。

このしぶさときたら、マホルカたばこ

さあいらっしゃい、労働者諸君
ふしぎ、ふしぎ、まかふしぎ
ちょいと吸うかい、そこのおっちゃん

靴みがき屋の前口上のような叫び

汚れを落としてピッカピカ、
みがいてキーラキラ
労働者諸君、ブルジョアジー諸君の御用達

または

ピッカピカ、キーラキラ
労働者諸君、ブルジョアジー諸君の御用達

販売商品、またはその商標名が変更されると、叫びもまた変化する。このとき、新しい叫びは往々にして古い叫びの形式にしたがい、わずかな変化が加わるだけである。たとえば、昔の会社「デュベク」の巻きタバコを売るときには以下のように叫ばれていた。

巻きタバコの「デュベク」
こいつにかかりゃ、悪魔だっていちころよ《ウビヨク》

ソヴィエト製の巻きタバコがあらわれてからも、古い叫びは以前とおなじ韻をふんでほとんど変わっていなかった。

巻きタバコの「ウズベク」
こいつにかかりゃ、悪魔だっていちころよ《ウビヨク》

しかし、商品の商標名の変化が、叫びに大きな変更をもたらすこともよくあった。たとえば、新しい韻が選択されるようになる。シマコフの指摘によれば、昔の「トレズヴォン」工場の巻きタバコ売りは、さあさあ、巻きタバコ「トレズヴォン」
寄っておいで、どっからでも《スタロン》

と叫んでいたのにたいし、一九二二—二三年にソヴィエト製の巻きタバコ「デーリ」が市場に出回ると、売り子の少年は以下のように叫んでいた。

巻きタバコ「デーリ」、
まずは吸って、二週間《ネジェーリ》。

15 商人や放浪職人の呼びかけのような叫びは抒情的、叙事的、演劇的の三種に分類されうるが、どの叫びも追求している目的はおなじである。すなわち、通行人の関心を販売商品に向けさせることである。

たとえば、「さあさあ……」という叫びを伴った抒情的呼びかけでは

さあさあ、ヒマワリの種
炒ってまっかかっか

たいらげたい、おいらだって
親方の言うことにゃ、だめだって

この抒情的叫びにおいて、商人は自分の販売商品にたいする感嘆や、ヒマワリの種全部を食べつくしたいという願望を伝えている。まさにこれにより、商人は自分の歓喜を通行人に感染させ、ヒマワリの種を「たいらげ」させようとしている。

この点に民衆抒情歌との違いはある。民衆抒情歌――たとえば故人を偲んでの哀歌や、あるいは花嫁の哀歌――においては泣き女自身の悲しみが表現されており、抒情歌では恋人が賞賛されている。しかし、こうした抒情歌の歌い手は、居合わせた人々に自分の感情を感染させようなどとはしていない。

叙事的な呼びかけおいてもおなじように、商人は商品の製法についてあたかも客観的に語っている。

おばちゃんお手製の蜂蜜湯
おばちゃん飲んでも惚ーれぼれ
おばちゃんのいうことにゃ

そこのあんた、うだうだいわず
お飲みんさい
蜂蜜たくさんの蜂蜜湯
麦芽なんて入ってないってね

さらに、商人は、蜂蜜湯がどうやってつくられたかを叙事的に語ったあと、呼びかけへと移っていく。

さあさあ、蜂蜜湯、極上の蜂蜜湯
お嬢ちゃん、お兄ちゃん、おひとついかが、
お食べあれ、お飲みあれ
さあ買った、おおばんぶるまい

この場合も、叙事的呼びかけは民衆叙事詩とは異なっている。民衆叙事詩は、心のうちでは同情していようとも、登場人物あるいはほかならぬ英雄がおこなっていることをおなじように精力的におこなうよう、呼びかけたりはしない。

呼びかけのなかには、演劇の一シーンのようにおこなわれるものもあった。サラトフでは復活祭のとき、見世物小屋が点在する広場があった。ある見世物小屋の入り口では、客引きの役者が人びとに駆け寄ってきて「またまた満員、ほんとうに大入り満員だよ」と叫んでいた。その呼びかけにのせられて見世物小屋に入ってみると、がらがらであった。

これとまったくおなじように「通りや市場の口上商人」も、たくさん買い手があるようにとの願いを、人びとを前にして達成事実として描く。

あいつは高くとる男じゃない
売るのも格安

とつぶやきながら、客引きは演劇的に以下のようなシーンを描く。

ほら、来た来た
押すな、押すな!
わいわい、がやがや
まだまだ、来る来る

おいらの小屋へ
押し寄せる！

また別の客引き商人は、自分の商品を賞賛しおわると、以下のように語りはじめる。

そこのおでぶのおばちゃんたち
商品にゃ目がない
おいらのところに押しかけて
商品とりあい
みんなでけんか

このように演劇風に描写することによって、商人は通行人におばさんの例にならうよう呼びかけているのである。

通行人に商品を買わせようという例はたくさんあるが、そのうちのひとつに、客となるべき人の名前を次々と列挙する叫びもある。

さあさあ、炒った種
売ってるのはアリョーナたち
みんなに売るよ
ニュルクたちやシュルクたちに、
サーシカたちやパーシカたちに
ヴァリュシカたちやマニュシカたちに
ナターシカたちやパラーシカたちに、
チーシカたちやミーシカたちに、
ヴァネニカたちやヴァセニカたちに、
グリシュトカたちやミシュートカたちに、
ガニカたちやサニカたちに。
みんなに売って
おつりもどうぞ

または（シマコフ）

さあ、クルミの炒ったやつ
お嬢さん方、どこでほめられた？
タチヤーナたち、アリョーナたち、
マリユシカたち、マトリョーナたち
パーシカたち、サーシカたち、
フェクルーシカたち、マーシカたち
みんなクルミを見ては、
買って、食べてるよ。

客は愛称で呼ばれると惹きつけられる。ブリン売りはお客さん候補についてこう語る。

ぼっちゃん、おひとついかが
あたしの愛しいお嬢ちゃんも。

ときには、商人は客の親の気持ちに訴える。

かあちゃん、とうちゃん、さあ、買った
おもちゃひとつで
お宅のお子さん
遊んで、ごきげん
夢中で、おおはしゃぎ

16 歌や物語詩の形態をとった商人の叫びは、歌劇や文学の一部となっている。商人の叫びは、リムスキー=コルサコフの歌劇『ムラーダ』のなかや『サトコ』のある楽章で用いられた。呼びかけのような叫びはネクラーソフにも、オストロフスキイにも、ブーニンにも見うけられる。

注

1 書体へ変化をもたらす傾向については、イリヤ・リシツキイ「視覚的印象の観点からみた書物。ビジュアルな書物」を参照せよ。これは一九二〇年代にドイツ語とチェコ語で出版された興味深い論文である。

民衆的創造における伝統と即興

あらゆる種類の民衆芸術——造形芸術、音楽（声楽）、舞踊、言語芸術、演劇——がもつ基本的特徴のひとつに、創造者や演者が先祖から伝わる伝統的スタイルの規範を厳しく守るということがある。

創造者・演者が伝統の規範を遂行しているかどうかを見守っている厳格な検閲者になっているのは、地区や村の集団である。

民衆芸術の創造者が規範とスタイルの厳格な枠にしばられているために、民衆芸術通や地元民は、その民衆芸術作品がどこでつくられたのかを容易につきとめることができる。

一定の地方や地区、村がスタイルにたいして抱いている感情ゆえに、スロヴァキアの刺繍師や何十年間も刺繍柄をくりかえし描いている地元の「絵柄師」は、刺繍の構成上の骨組みやその土地特有の基本的要素を保たざるをえなかった（プラジャーク「スロヴァキア民衆刺繍研究序説」一九二〇年、七五二頁を参照）。

さまざまな種類の民衆芸術作品を研究する者は、伝統の規範の厳守と同時に、あらゆる種類の民衆芸術の典型的かつ基本的な特徴のひとつとして創造者・演者の即興があることも、考慮に入れねばならない。

たとえば、刺繍をする際にある地方や村のどの女性も刺繍の構成の基本やその土地特有の要素を守ろうとしていたにもかかわらず、作品にその土地の規範の枠内で即興性をもたせていた。民族誌学者はさまざまな地区の復活祭用彩色卵のタイプを容易に判別することができるが、それでもやはり、ポーランドの研究者フランコフスキが指摘しているように、「卵に描かれた模様はすこぶる多様で、おなじ地区の千個の模様つき卵のなかにまったくおなじものをふたつと見つけるのもむずかしいくらいである」（フランコフスキ『ポーランドの民衆芸術』、ワルシャワ、一九二八年、一八頁）。こうしたことの裏づけとしては、ブルガリアのサモコフスコ地区のドルナ・バニャ村の多様な絵柄と比較した、同地区のラドイル村の多様な絵柄もあげられよう。ドルナ・バニャ村の農婦ラザリナ・ニコロヴァは、いろいろな絵柄で卵を彩っていた（マリノフ「民衆信仰と宗教的民衆慣習」、ソフィヤ、一九一四年を参照）。

ガラスに絵を描く職人は「受動的民衆芸術」という厳格な規範に従っていた。しかし、この種の伝統規範の枠内にある場合でも、即興が認められていた。たとえば、スロヴァキアとポーランドのガラス絵職人が、強盗団に新入りが加わる場面を描くとき、ある一定の伝統にならってはいるものの、こうしたテーマで描いたどの絵にも、民衆芸術家としての個人的創造の特徴が見うけられる（拙論「民衆文学と民衆的造形芸術（ガラス絵）におけるスロヴァキアの民族的英雄ヤノシーク……」、ベルリン、一九六〇年、一二三頁）。

とくに判然としているのは、伝統の規範の義務的遵守と、作品の創造とパフォーマンスとが不即不離の関係にあるような種類の民衆芸術においてはっきりとあらわれる即興原理との密接なつながりである。

この種の民衆芸術としては、歌唱、楽器演奏、舞踊、またはあらゆる種類の言語作品の朗読――民話やアネクドートなどの語り――、さらに演劇や演劇的行為があげられる。

強調すべきことに、創造原理がパフォーマンスと不即不離の関係にあるすべての民衆作品は共通の特徴を有している。すなわち、主としてそれらは、固定されたテクスト（手書きのメモ、印刷物、または楽譜帳）にもとづいてではなく記憶をもとに、うたわれたり演じられたりする。演者は記憶にしたがって、（たとえばダンスのとき）聞いたことあるいは見たことを繰り返す。当然のことながら、こうした記憶にそったパフォーマンスは、聞いたり、見たりした作品に無意識的または意識的な変化を引き起こす。

これと同時に強調すべきは、創造者・演者は即興を試みつつ、伝統の枠を厳しく守っているということである。

多くの詩行からなる民衆叙事詩を再現する際、当然のことながら、語り手は同時に創造者にもなっている。たとえば、イリアスやオデュッセイアの詩行数に等しい民衆叙事詩を朗読者が正確に暗記しているとは想像しがたい。また周知のように、このような量の詩行は何人かの叙事詩の語り手から記録されたのである。朗読者によるロシアの英雄叙事詩《ブィリーナ》、ウクライナの叙事的民謡、南スラヴ民族の闘争歌といった作品の研究が示しているところによれば、叙事詩の語り手は暗記したことを伝達しているのではなく、別の語り手から聞いたことを再話しながら、創造的につくりかえている。

歌謡ジャンルのなかのいくつかの種類は、わずかな即興であれば許されている。たとえば、儀礼歌がそうである。知られているように、チェコにおける春の儀礼歌は、冬を送る式の際にうたわれるものだが、一七世紀から二〇世紀までほとんど元のかたちのまま維持されていた（ジーブルト『チェコ民衆の生活における楽しい時間』、プラハ、一九〇九―一九一一年、二一二頁を参照）。これとまったくおなじように、独特な強盗賛歌も伝統にそって大きな変化もなく、世代から世代へと伝えられている（拙論『スロヴァキアの叙事的物語と抒情・叙事歌』、一九六二年、一三五頁を参照）。

しかし、儀礼歌においても、強盗賛歌とおなじように、即興はやはり存在する。

一方、ほかの歌、たとえばロシアの恋愛ものの俗謡《チャストゥーシカ》、さらにはまた国や個々の地方、村で起こった事件を反映した俗謡《チャストゥーシカ》は、激しい変化にさらされている（チストフ「ロシア・フォークロアのテキストロジーの現代的問題」、モスクワ、一九六三年を参照）。

民謡の歌い手が何らかの理由で即興でうたえないときには、歌の響きは活気を失いはじめる。歌い手自身の言葉によれば、「歌が飛ばない」、「魂が入っていない」、「歌がうたえず、どうやっても声が延びない」。

音楽学者の指摘するところによれば、「節《ふし》の即興は歌い手の創造的個性を特徴づけており」、どんな先導する歌い手、音頭取りにも特有の「筆跡」があり、こうした「筆跡」は何をうたってもあらわれる（ルドゥネヴァ「ロシアの民衆的輪舞」、モスクワ、一九五四年、二〇五―二一五頁を参照せよ）。

こうした「特有の筆跡」は、民衆戯曲やその他の種類の言語芸術の才能ある語り手や演者にも観察される。

伝統という厳しい規範に従うフォークロア的な言語芸術作品を朗読する際には、即興がかならず存在している。

語り手しだいで、話を短くしたり長くしたり、一番重要でおもしろい箇所を強調したり、アネクドートの **pointe**（物語の急所）を際立たせたり、さらには大げさな話ぶりをしてみたり、身振りや表情で補ったりすることができる。即興は民衆劇で大きな役割をはたしており、そこでの即興は、戯曲テクストの変更においてのみ発揮されるのではなく、登場人物の伝統的な朗唱や俳優の演劇的動き、舞台衣裳、仮面などの変更にもあらわれている。

即興がとりわけはっきりとあらわれるのは、民衆劇や演劇的行為の諷刺的、喜劇的なシーンにおいてである。

民衆劇やほかの演劇的行為における諷刺は、しばしば観客として上演に居合わせた村の住人を笑いものにし、痛烈に攻撃する。

当然のことながら、俳優から諷刺的な攻撃を受けた観客の強烈な反応によって、突如、俳優はだしぬけに即興をしなければならなくなる。

民衆劇やそのほかの演劇的行為における即興はすこぶる鮮明にあらわれ、きわだった位置を占めていることが多いために、フォークロア的な戯曲の上演の一つひとつは、ヴァリアントではなく自立的な作品とみなさねばならないほどである。

民衆劇や民衆の演劇的行為において明白にあらわれる即興の研究は、民衆の演劇的行為の特質を解明するためだけでなく、プロの演劇における即興の役割の解明にとっても貴重である。[2]

強調すべきことは、フォークロアの作品（民話、歌など）の上演に立ち会うとき、聴衆はその内容をよく知っているということである。

伝統にしたがって毎年上演されてきた民衆劇には、このことがとりわけはっきりとあらわれている。観客の多くは、みずからがこれらの出し物の参加者であり、それらを暗記していた。民衆劇の観客は、内容を十分に承知していたプロットには引きよせられなかった。かれらの関心を引いていたのは、これらの劇の反復上演であった。

観客による民衆劇の受けとめ方は、演劇通——演劇マニア——による演劇の受けとめ方と比較できよう。演劇通は『知恵の悲しみ』または『ハムレット』を舞台で三〇回見たが、それでもこの芝居の上演を楽しみに三一回目も劇場へ行くのである。かれらはこの芝居をそらで覚えているのに、なじみの独白や対話、個々のシーンを俳優とともに再び味わうために劇場へ行く。

民衆的創造に固有の特徴となっているのは、その集団性であり、聞き手はパフォーマンスに共同参加している。この共同参加は、ときおり、パフォーマンスへの賛同または不賛同が声になるときにだけあらわれる。しかし結局のところ、こうしたわずかな共同参加も、やはり演者に影響をあたえているのである。

また、ときには観衆が作品のパフォーマンスそのものに含まれることもある。こうしたことは、民衆劇やほかの民衆の演劇的行為の際にきわめてひんぱんに観察される。

このような場合、主役たちが即興をはじめ、その結果、伝統作品そのものもすっかり変化してしまう。

口頭によるフォークロアの作品は、そのパフォーマンスの状況しだいで変化する。

こうした状況には、聞き手の構成も含める必要がある。まったくおなじ民話を子どもに語るのと大人に語るのとでは、即興の生じ方は異なる。[3] 語りは、聞く人や見る人の気分――陽気な気分あるいは悲しい気分――しだいでさまざまに受けとられる。これらすべてが朗読者に影響する。ダンスは、状況や参加者の行動に左右される。婚礼のはじめはかしこまって踊っているのに、宴もたけなわとなると、客も踊り手も「思いのままに動きはじめた」。

音楽（声楽）や舞踊、言語芸術、演劇の作品のパフォーマンスを理解するには、また即興の性質を理解するには、状況を考慮に入れることが不可欠である。

即興には強制的なものと計画的なものがある。強制的な即興は次のような状況下で生じる。すなわち、歌い手がメロディーを忘れ、自分でかわりのメロディーをつくらなければならないときや、歌い手が声域のためにメロディーをかえざるをえないとき、あるいはまた歌に新しい語やフレーズを加えなければならなかったり、新しい歌詞すらつくりださねばならないときなどである（たとえば、讃歌ではさまざまな名前をうまくおさめたり、葬式の哀歌では死者への思い出を加えたりする）。

言語面でのこのような即興は、リズムの変調やメロディーに影響を及ぼす。また、ダンスや労働、歩行、乗馬（コサックの歌の場合）の際の動きとの関係においても、あるいはまた楽器の質やその楽器の演奏者の技術レヴェルしだいでも、強制的即興に頼らざるをえない。

計画的な即興は、全面的に、あるいは主として、演者の意向に依拠している（ホリー「音楽的観点から見た、民謡の変奏過程の重要な源のひとつとしての即興」、プラハ、一九五九年、六一—一七頁。ヤナーチェク『民謡と民衆音楽について』、プラハ、一九五五年、五〇三—五〇九頁も参照）。

演者はときには即興の必要性、強制力を自覚している。ある歌い手がムルコ教授に話したように、弦楽器グースリの奏者が自分で何かを付加できないと、歌はいいものにはなりえない（ムルコ「南スラヴ民衆叙事詩の現状」、プラハ、一九二九年、九頁を参照）。他方、演者が創造過程で作品に変化を加えておきながら、そのくせ自分が歌詞に加えた変化を採録者に指摘されると、驚いたり悲しんだりすることもある（拙著『スラヴ諸民族の叙事詩の比較研究に関するいくつかの課題』、モスクワ、一九五八年、一二三六—一二三七頁を参照）。

強制的な即興と計画的な即興にはっきりとした境界を設けるのはむずかしい。歩行や労働、乗馬の際の歌のリズムの強制的変更は、行為者によって芸術的手段として利用されている。これは、民族楽器の演奏の際にその特殊性（音域の限界など）が考慮に入れられるのとおなじことである。

強調すべきことに、民謡の歌い手や民衆音楽家は、みずからが生みだした変奏だけでなく、多くの伝統的な声楽、音楽の変奏にもとづいて即興をおこなっている。歌い手や音楽家はこうしたたくさんの変奏のなかから好みに応じたものをその都度選んでいるのである。

この場合、歌い手や音楽家は、声楽や楽器における伝統的なヴァリアントを用いて、創造的な即興をしているのである。

また、即興の別の二種類――準備された即興と準備されていない即興――をも区別する必要がある。さまざまな種類の民衆詩を朗読する際、この両方の種類の即興に出会う。

準備された即興の例をあげよう。語り手は、伝統的な民話にみずからの説明やさらには作話、ほかの民話から借用したモチーフをはさむことができる。また、語り手はふたつ、あるいはそれ以上の民話を混ぜ合わせて新たな民話をつくってしまうこともある。そのあと、この民話を伝えるたびに語り手は、それを自分の即興によって変形し補完されたかたちで繰り返すことになる。これに似たことは、独白や対話、民衆劇のシーン、さらには民謡やその他の民衆詩を実践する際にも観察される。

準備されていない即興の例をあげよう。婚礼では、婚礼の付き添い人や世話役、花嫁の兄弟が商いのシーンを演じる。対話――すなわち、(花婿側の)付き添い人と、花嫁と並んで座っている兄弟または花嫁側のほかの代表者との間の商い――が生じる。付き添い人または世話役は、新婦の隣に座る新郎の権利を兄弟から買う。議論は論争者の即興しだいで「進行中に」変形する。指摘しておく必要があるのは、論争における即興は、やはり世代から世代へと伝わる婚礼の伝統的規範のなかで生じるということである。準備されていない即興の例をもうひとつあげよう。民衆の人形劇では、観客のお気に入りである道化人形（ロシアのペトルーシカ、ドイツのカスパー、チェコのカシパーレクなど）が、舞台から観客と会話をはじめる。人形の代わりにしゃべっている役者は、観客から出る質問や答えにすぐに反応しなければならない。

このように、フォークロアの作品を創作したり演じたりする際に伝統規範を守ることは、有機的、構造的にさまざまな種類の即興とむすびついている。

聴衆に知られた伝統的な民話や歌、芝居などをそれぞれ演じる際、演者に不可欠なのは、集団に知られた歌や民話が新しく響くように即興をおこなうことである。そもそも、いかなる類の民衆芸術であれ、そこに即興がもちこまれないかぎり、伝統は紋切り型と化してしまうであろう。作品は機械化し、基本的機能のひとつ——聴衆や観客にたいする作用——を失い、しだいにフォークロアのレパートリーから姿を消してしまうにちがいない。

このように、民衆芸術においては伝統と即興は弁証法的な統一をなしているのである。

注

1　「能動的」・「受動的」民衆芸術については本書所収の「民族誌学における能動的な集団的事象と受動的な集団的事象」を参照。

2　現代演劇における即興の役割については、メイエルホリドが興味深い指摘をしている。「現代演劇の基本的問題は、芝居の複雑で正確な演出形式のなかに、俳優による創造の即興性を維持することにある。こうした場合、ふつう、どっちつかずになりがちだ。わたしはスタニスラフスキイと最近話したが、かれもこのことを考えている。われわれはアルプス山脈下のトンネル建設者のように、まったくおなじ問題の解決をめざしている。かれは一方から、わたしは他方から進んでいるが、まん中あたりでかならず出会うはずである。」

3　フルチンスコの語り手ヨセフ・スモルカによって大人や子ども、六歳の孫娘に語られた伝説・民話の記録を参照（サトケ『フルチンスコの語り手ヨセフ・スモルカ』、オストラヴァ、一九五八年、七二―七五頁、一一〇―一一二頁）。

訳者あとがき

本書は、一九八一年にせりか書房から刊行された、P・G・ボガトゥイリョフ『衣裳のフォークロア』（松枝到、中沢新一訳）の増補・新訳版である。

『衣裳のフォークロア』（原題『モラヴィア・スロヴァキアの民俗衣裳の機能』）は、一九三七年にスロヴァキア語で公刊されたものであり(Funkcie kroja na Moravskom Slovensku)、先の邦訳はその英語訳 The Functions of the Costume in Moravian Slovakia, 1971, Mouton を底本としていた。

それにたいして今回の訳は、ロシア語訳 Функции национального костюма в Моравской Словакии を底本としている。元のスロヴァキア語版も随時参照したが、全体の訳はロシア語からおこなった。

ロシア語版は、スロヴァキア語版にくらべると、注の付け方に多少の変更があり、また目次が省かれているなど、わずかな変更が見られるが、基本的にはスロヴァキア語版の全訳になっている。他方、英語版のほうは、注の付け方はスロヴァキア語版にほぼそっている一方で、村の衣裳の具体例に関する箇所をかなり省いているほか、文章の配置も随所で変えている。おそらく、英語による読者の便宜を図ってのことであろう。実際、こうした変更によって、原文よりも流れがよくなっている箇所もあるが、今回はあえて原文により忠実なほうを選んだ。

ちなみに、当時「モラヴィア・スロヴァキア」と呼ばれていた地域は、現在のチェコ共和国内の東部に位置するモラヴィア地方のなかの東南部にある「スロヴァーツコ」地域にほぼ相当し、東はスロヴァキア共和国、南はオーストリアに接している。モラヴィア地域のこのあたりにはスロヴァキア人が多く住んでいた。ボガトゥイリョフがいちばん依拠しているクルヴァニャの資料はほぼすべてこの地域内のものである。そのほか、ヴァーツラヴィークその他の資料などにより、モラヴィア・スロヴァキアの西にあって、やはりモラヴィア地方に含まれるハナーや、モラヴィア・スロヴァキアの東側で国境を接する現スロヴァキア共和国西部の例も引かれている。

なお、英語版が出たのは世界的に記号論ブームが起こりはじめた時期で、この英語版も、シェベオク編の Approaches to Semiotics の第五巻として刊行されるとともに、記号学者オギベーニンによる「構造的民族誌学の先駆者ボガトゥイリョフ」という長い解説が添えられていた。これにたいして、今回はそれを含めず、桑野のやや長めの解説を付すとともに、新たにボガトゥイリョフ自身の以下の五点の著作を加えることにした。

1　フォークロア研究と文学研究（原題「フォークロア研究と文学研究における境界画定の問題によせて」К проблеме размежевания фольклористики и литературоведения）一九三

一年、ヤコブソンと共著

2　民族誌学における能動的な集団的事象と受動的な集団的事象（原題「能動的・集団的な民族誌学的事象、受動的・集団的な民族誌学的事象、生産的な民族誌学的事象、非生産的な民族誌学的事象」Активно-коллективные, пассивно-коллективные, продуктивные и непродуктивные этнографические факты）一九三九年

3　東スロヴァキアのクリスマスツリー（原題「東スロヴァキアのクリスマスツリー――民族誌学的資料の機能の変化の構造的研究に関する問題によせて」Рождественская елка в Восточной Словакии. К вопросу о структурном изучении трансформации функций этнографических данных）一九三二―三三年

4　行商人と放浪職人の叫び――広告の記号 Выкрики разносчиков и бродячих ремесленников ― знаки рекламы、一九六二年

5　民衆的創造における伝統と即興 Традиция и импровизация в народном творчестве、一九六四年

このうち2と3は最初はドイツ語で発表されたものであるが、ここではロシア語版から訳出した。

訳にあたっては、「衣裳のフォークロア」を桑野、他の五編を朝妻が担当した。

著者紹介
ボガトゥイリョフ、ピョートル・グリゴリエヴィチ
1893－1971年。ロシアのサラトフ生まれ。
1921－39年はチェコスロヴァキアに滞在。モスクワ言語学サークルおよびプラハ言語学サークルの中心的メンバーとして活躍。民族誌学、フォークロア研究、演劇学における構造主義・記号論的アプローチの先駆者。

訳者紹介
桑野隆（くわの　たかし）
1947年徳島県生まれ。
早稲田大学教育学部教授。
専攻はロシア文化、表象文化論。
著書『バフチン――〈対話〉そして〈解放の笑い〉』（岩波書店）
　　『バフチンと全体主義』（東京大学出版会）他。

朝妻恵里子（あさづま　えりこ）
1975年東京都生まれ。
東京大学大学院総合文化研究科言語情報科学専攻博士課程在学。
専攻はロシアの言語論、記号論。

衣裳のフォークロア　増補・新訳版

2005年5月10日　第1刷発行

著　者　ボガトゥイリョフ、ピョートル・グリゴリエヴィチ
編訳者　桑野隆＋朝妻恵里子
発行者　佐伯　治
発行所　株式会社せりか書房
　　　　東京都千代田区猿楽町2-2-5　興新ビル303
　　　　電話03-3291-4676　振替00150-6-143601
印　刷　信毎書籍印刷株式会社

ISBN4-7967-0263-6